Being Christian

Baptism, Bible, Eucharist, Prayer

Rowan Williams

キリスト者として生きる

洗礼、聖書、聖餐、祈り

ローワン・ウィリアムズ〔著〕

ネルソン橋本ジョシュア諒〔訳〕

西原廉太〔監訳〕

教文館

Being Christian
Baptism, Bible, Eucharist, Prayer
by
Rowan Williams
First published 2014 in Great Britain by
Society for Promoting Christian Knowledge

はじめに

キリスト者として生きる上で欠かせない要素は何でしょうか。私は、個人が素晴らしい人生を過ごすということについて考えているわけではありません。キリスト者の共同体の一員であることを認識させてくれるシンプルで分かりやすいものについて考えています。この小さな本は、最も基本的な四つの事柄――洗礼、聖書、聖餐、祈り――の理解を助けるために作成されました。

キリスト者は水を注がれること（ある伝統では浸礼）によって、教会の完全な一員としての資格を得ます。また、キリスト者は聖書を読みます。ナザレのイエスの死と復活を覚えるためにキリスト者は集い、パンとぶどう酒を分け合います。そして、キリスト者は祈ります。キリスト教の考え方や実践にはさまざまな種類があり、驚くほど多様ですが、これらの四つの基本的な活動は、自らをキリスト者と呼ぶ人たちにとっては不変のものであり、不可欠なものです。

この本では、これらの活動がキリスト者のいのちの本質について何を教えているのか、またこれらを行う共同体の中で、人はどのような人間を目指しているのかを見ていきます。

各章は、聖週〔受難週〕の定例公開講座の一環としてカンタベリー大聖堂で行われた講演に基づいています。講演内容を書き起こし、編集を手がけたジョナサンとサラ・グッダル、そしてSPCK出版社のフィリップ・ローからは出版準備にあたってさらなる寛大な助けを受け、心から感謝しています。

二〇一三年降臨節、ケンブリッジにて

ローワン・ウィリアムズ

目次

装丁　桂川　潤

1 洗礼

それとも、あなたがたは知らないのですか。キリスト・イエスにあずかる洗礼《バプテスマ》を受けた私たちは皆、キリストの死にあずかる洗礼を受けたのです。私たちは、洗礼によってキリストと共に葬られ、その死にあずかる者となりました。それは、キリストが父の栄光によって死者の中から復活させられたように、私たちも新しい命に生きるためです。

（ローマの信徒への手紙6章3―4節）

まず洗礼について見ていきましょう。人々は水に浸され、あるいは水を頭に注がれることによって正式にキリスト者の共同体の中へと招き入れられます。「洗礼《バプテスマ》」という言葉は、もともとは単に「浸す」という意味を持っていました。新約聖書に目を向けると、この言葉はイエスの宣教活動と教えの中で重要な意味を持ち、パウロの手紙にもかなり広範囲にわたり記されています。イエスは、目の前に待ち受ける苦難と死を「洗礼」として語っています（マコ10・38）。つまり、彼は、苦難と死に向かうことを、何かに溺れていくこと、泥沼にはまり込むこと、ある種、沈み込んでいくことであるかのように語っています。イエスによれば、彼は「沈み込む」ような体験に耐えなければならず、底に沈みきるまでは、苦しみ続けなければ、その働きが成し遂げられることはありません（ルカ12・50）。そのために、キリスト者の共同体に入会する儀式としての洗礼は、はじめから、キリストの受難と死という闇の中に降っていくという考え、イエスが耐え抜いた困難な現実に「はまり込む」という考えと結びついていたようです。パウロは洗礼を受けることを、キリストの死に「入り込む」ことだと語っています（ロマ6・3）。私たちは、こうした神秘的な出来事に、いわば「投げ込まれて」います。キリスト者が、聖金曜日（復活日前の金曜日）や毎週のように聖餐式でパンを裂くときに記念しているのは、こうした神秘的な出来事なのです。

深き淵から

教会が、初期キリスト教時代の数世紀の間に、典礼〔礼拝〕と美術を形作り始め、洗礼についても考えを進める中で、洗礼に関する新たな考えが発展しました。イエスの洗礼物語によれば、イエスはヨルダン川の水の中に降っていき、そして、水から上がってくると、聖霊が鳩の形をして、彼に降り、「あなたは私の愛する子」（ルカ３・22）という声が天から聞こえたのでした。この物語を検討した初期のキリスト者たちは、水と聖霊が関係するもう一つの物語との関連性をすぐに見出しました。創世記によれば、創造の始まりは、混沌とした水に覆われていました。ヘブライ語をどのように読むかによりますが、混沌とした水面の上に聖霊が動いていたか、あるいは暴風が吹いていたと解釈できます（どちらにしても一種の比喩《メタファー》かもしれません）。はじめに、混沌があり、その次に神の霊の風がありました。そして混沌とした水面から世界が生まれました。神はそれを見て「良し」と言いました。水、聖霊、声、この三つから、初期キリスト者たちが、洗礼の出来事をパウロが用いるいのちの象徴――新たな創造――と結びつけるようになった理由が分かります。

キリスト者としての人生の始まりは、神が創造された作品として新たに出発することです。ちょうどイエスが水から上がって来て、聖霊を受け、御父の声を聞いた時のように、洗礼を受けたばかりのキリスト者のために、同じように神の声は言います、「あなたは私の息子／娘だ」と。それはその人が、イエスと関わりを持つ新しい人生を始めたからです。

東方キリスト教の伝統の中では、特にイコン〔聖画像〕としてイエスの洗礼が描かれる際、多くの場合、首まで水の中に浸かるイエスの姿、そしてその波の下にいる旧世界の川の神々の姿を見ることができます。それは克服されつつある混沌を表しているのです。そのため、非常に早い時期から、洗礼には「水と新たな誕生」という一組の強力な象徴が与えられていました。イエスご自身が神の子であるように、洗礼を受ける者は、神の息子、娘として新たに誕生するのです。また、神の風が混沌に吹き込むとき、混沌は秩序へと変わります。

教会が洗礼の意味は何であるかと振り返ったとき、それは真の人間への回復であると考えるようになったのは驚くべきことではありません。洗礼を受けることは、神が本来意図された人間性を取り戻すことです。神は何を意図していたのでしょうか。人間が、神ご自身への愛情を育み、揺るぎない信頼を神に置くことで、神の息子、娘であると呼ばれるようになることです。しかし、人間はその本質を捨て、忘れ、汚してきました。イエスがその場に現れるとき、本来あるべき人間の姿に戻します。しかし、そのことが何を意味しているのかというと、イエスがいわば「内から」人間性を回復するために、私たち人間の世界の混沌の中に降りて来なければならなかったということです。真の人間性が生まれるためには、イエスは私たちのレベルへ、物事が形なく無意味な世界、脆弱さと無防備な状態の中へと完全に降りて来なければならなかったことを意味します。

イエスを中心として造られる新たな人間性は、常に成功し主導権を握るような人間性ではなく、混沌の奥底から手を伸ばし、神のみ手に触れられるような人間性であることを示唆しています。そして、「洗礼を受けた人はどこにいますか」という問いをもし抱いたとしたら、「混沌の近くにいます」という一つの答えが返ってきます。つまり、人々が最も危険にさらされている場所、人々が最も混乱し、傷つけられ、貧しくされたところに、キリスト者の姿をきっと見出せるのです。キリスト者はイエスの近くにいます。しかし、イエスは人々の混乱と苦難の近くに、無防備な状態で貧しい人たちの側にいます。もし洗礼を受けることがイエスのいるところに導かれることであれば、洗礼を受けた人は目的を見失った人々のその混沌と貧しさへと導かれます。

さらに付け加えておくなら、洗礼を受けたキリスト者は、自分自身の人生における混沌に近づき、それを自覚することになるかもしれません。なぜなら、私たちは皆、自分の外にある混沌だけでなく、内にある残虐さと狂気と共に生きているからです。洗礼を受けたキリスト者は、内なる混沌に対して誠実に目を向け、私たちが危険にさらされている外なる世界にいることを恐れてはいけません。

ですから、洗礼とは、イエスと「深淵の中」で共にいることを意味します。この深淵は、私たち一人一人の飢えや精神的渇きのある深い底です。しかし同時に、私たちは、神の愛の深淵の中にいるのです。この中でこそ、人間は、聖霊の働きによって、神のみ心にかなう人生を新たに始めることができ、新たな活力を手に入れることができるのです。

イエスのいのちと死にあずかる

もし上で述べたことがすべて正しければ、洗礼は私たちを他の人々と区別させる特別な地位を与えるものではありません。「私は洗礼を受けた」と言えることは、特別な威厳を主張することではなく、ましてや、他の人々から選り分けられ、優越性を与えられることでもありません。それは、他者との新しい次元での連帯を主張することなのです。キリスト者であることは、壊れた人間性に巻き込まれていることであり、強い表現を使うなら汚染されることを受け入れることです。これは、非常に逆説的なことです。洗礼とは、私たちを洗い、清め、生まれ変わらせる儀式です。しかし、私たちを傷つけるかもしれない状況の真っ只中に引っ張り込む儀式でもあります。私たち自身も汚染され、無傷では済みません。洗礼を受けた人たちは、それゆえに、特権を持ち、エリートであり、選り分けられた人々の集まりではなく、貧しく、汚染され、壊れた世界の中心に置かれているその意味を受け止めた人々の集まりなのです。言い換えれば、大量の泥をかき回さずにヨルダン川の水の中を降っていくことはありえないのです。

　洗礼を通してイエスがおられる場所に招き入れられるとき、私たちは自分を防衛する心が緩められるくらい、イエスがおられる場所、すなわち人間の混沌の奥底へと導かれます。それは、神の前に私たちの鎧を置くことを意味します。私たちがこの愛と連帯に伴うリスクを負い、イエスと共に歩むとき、聖霊を受ける準備が整えられます。ですから、イエスと共に洗礼の水から上がるとき、イエスが耳にした言葉が聞こえてくるのです。「あなたは私の息子／娘だ。あなたこそ、私を父と呼ぶことができる者なのだ」と。パウロが言うように、聖霊は、私たちがイエスの祈りを唱え、神を父と呼ぶ力を常に与えてくださいます（ガラ４・６）。洗礼を受けた人たちは、イエスと共にリスクと闇と向き合い、神を父と呼ばせてくださる聖霊を受け止めるように心を開きます。

洗礼を受けた人に、これ以上、何を望めばいいのでしょうか。人々の飢えや精神的渇きに心を開き、さらに、聖霊を受け止める心を開くことが重要です。洗礼を受けた人たちのいのちの中では、聖霊を通して父がイエスを抱きしめる姿が絶えず再発見され、再現されています。洗礼を受けた人は、人間の苦しみと混乱の中にいるだけでなく、父、子、聖霊の愛と喜びの中にも置かれています。それは確かに、キリスト者であることの最も驚くべき神秘の一つでもあります。私たちは、全く矛盾しているように思える両極端の真っ只中にいるのです。一方の軸には、神のみ心に生きるという現実があります。そこでは、父、子、聖霊の熱烈な喜びに満たされています。しかし、他方の軸には、この世界に生きるという現実があります。ここには、脅威、苦しみ、罪、痛みがあります。イエスがこうした二つの現実の真っ只中で生きたように、そこは私たちの生きる場所でもあるのです。イエスが言うように、「私のいる所に、私に仕える者もいることになる」（ヨハ12・26）のです。

洗礼を受けた人たちの祈りはそこから自然に出てきます。その祈りは、常に深淵の中で動き、ときには目に見えません――私たちが本当に理解しきれないぐらい深いところから来る祈りです。パウロはローマの信徒への手紙の中でまさにこのことについて説明しています。「霊もまた同じように、弱い私たちを助けてくださいます。……霊自らが、言葉に表せない呻きをもって執り成してくださるからです」（8・26）。洗礼を受けた人たちの祈りは、「言葉がすらすら出てくる」表面的なものでは決してありません。洗礼を受けた人たちの祈りは、私たちの心や感情さえも入り込めない深いところから来ます。洗礼を受けた共同体の祈りは、神ご自身のいのちの奥底から押し寄せてきます。あるいは、別の比喩で表すなら、無意識の奥底へと流され、神と世界の深淵の両側から込み上げてくると言えるかもしれません。

洗礼を受けた人たちの祈りは、イエスご自身の祈りの中に溶け込んでいき、したがって、それはしばしば理解し難い不思議な祈りです。それは楽観的で、分かりやすいとは限らず、答えがあるように感じられない祈りかもしれません。キリスト者は、単に欲しいものを得るために祈るわけではありません。そうした祈りが当たり前にはできないと気づいたからかもしれません。聖霊が彼ら、彼女らの内から込み上げてくるので、むしろ、キリスト者は祈らずにいられないから祈ります。祈りは言い換えればくしゃみのようなものです――ある時点に至ると止められなくなります。聖霊は、父なる神に向かって湧き上がっていきます。しかし、祈るときには、まさに自分ではどうしようもできないゆえに、ときには暗くて報われない気持ちになり、深い迷いを感じたり、言葉にする困難さを覚えたりします。

そのため、霊的生活について述べた多くの偉大なキリスト教思想家たちは、祈りは気分を良くするものではないと強調してきました。祈りは結果や自己満足のためではありません。祈りというのは単にあなたがイエスの近くにいるときに、神がどのようにしてあなたの内に働きかけたかということにほかなりません。それは当然、洗礼を受けた人の歩む道が危険なものであることを意味します。また洗礼には、取扱説明書のようなものが付せられるべきでしょう。「もしあなたがこのように一歩進めば、もしこのような深淵の中に足を踏み入れるのであれば、あなたは変えられ、元気づけられ、いのちを与えられ、そして大変な危険にさらされます」と。洗礼を通してイエスと関わるということは、世が安全だと考える場所に置かれるということではありません。イエスの最初の弟子たちは福音書の中にそのことを発見し、それ以来、彼の弟子たちはそのことを見出し続けてきました。

カンタベリー大主教としての働きを担っていたときの大きな特権の一つは、危険な異国の地に足を運び、その地でイエスと怖ろしいほど近い生き様をしている人々を目の当たりにしたことです。そのような地で〔キリスト者として〕証しを持って生きることは、さまざまなリスクを負うことを意味します。ジンバブエ、スーダン、シリア、パキスタンのような地で、イエスの近くにいながら、大きな危険に囲まれている人々を見ると、キリスト者として生きることの献身が何を意味するのか、また献身を表す洗礼のしるしが何を意味するのかを理解することができるようになりました。そして、偉大な聖人たちの生き方に目を向けると、彼ら、彼女らの瞑想の道が深い内面的荒廃、孤独、不安をもたらしたことが確認できます（コルカタのマザー・テレサが何年にもわたって実質的に「霊的な」安らぎを感じられず、孤独と暗闇だけを感じていたと日記に記していたことを思い浮かべてください）。これらすべては、私たちの存在の中心にある聖霊のいのちが、神のみ心から湧き上がることによってもたらされた結果なのです。先を歩んだ聖人たちのように、私たちは危険な道を歩みます――しかし、それはいのちに通じる道でもあります。

この道は、一信徒である私にとって危険であり、同時に私を生かすものですが、あなたにとっても同様です。洗礼についてのもう一つの重要な真理は、洗礼を通して、あなたは、父なる神に近づき、人間の世界にまつわる苦難や混乱に近づくだけでなく、そこに招かれているすべての人々にも近づき、関わることになるということです。洗礼を通して他のキリスト者たちと共に生きることになります。他のキリスト者と隣人のような関係を持つことができなければ、キリスト者とは言えません。多くの人にとっては耳の痛い話です。なぜなら気難しいキリスト者もいるからです。しかし、このことこそ、新約聖書が私たちに対して揺るがず語っていることでもあります。つまり、イエスと一緒にいることは、人間の苦しみと痛みに寄り添いつつ、イエスに招かれた人たちと共に生きることです。新約聖書によると、このことは贈り物でありながら、ときには苦労と困惑をもたらします。

なぜ贈り物かというと、洗礼を受けた人たちの共同体の中では、私たちは相手からの祈りと愛を通していのちを受け取り、相手が必要とする祈りと愛を献げるからです。私たちは贈与と交換という大きな関係性の中に巻き込まれています。洗礼が私たちにもたらす連帯、苦しみとの連帯は、相互の連帯をも意味します。このことをキリスト教思想家たちの間では、なじみにくい表現ではありますが「共同の相続人」（ロマ8・17）と呼びます。私たちは「関与」し合い、私たちの人生は絡み合っています。一人のキリスト者に影響を与えることはすべてのキリスト者に影響を与え、すべてに影響を与えることは一人一人に影響を及ぼします。そして、個々のキリスト者としてであれ、個々のキリスト者の共同体や諸教派としてであれ、私たちはしばしば、それを信じ受け入れることが難しいと感じます。認め難い贈り物ですが、贈り物には違いありません。それは、洗礼を受けた人のいのちの内に秘められている闇は、決して個人だけの問題ではないことを意味します。その闇は共有されています。それがどのように共有されているかは謎ですが、洗礼を受けたキリスト者のほとんどは、何らかの形でその分かち合いを目にしています。

洗礼は、忘れられ覆い隠されていた人間の本質を修復させます。洗礼は私たちをイエスのいるところへ連れて行きます。そして、私たちを暗く堕落した世界の近くへと引き寄せ、そこに招かれている他の人々にも近づかせてくれます。洗礼を受けた人の人生は苦難の中にいる人と連帯し、あらゆる信仰者と苦労を分かち合うことを特徴とします。そして、たとえ物事が困難で、希望がなく、報われないことがあっても、勇気をもって進み続ける祈りの心を特徴とします。祈らずにはいられないのです。あなたの中で何かが生き続けています。結果を気にしてはいけません。

預言者、祭司、王

イエスの独自性を表すためによく使われる三つの称号から、この洗礼を受けた人の生き方、この新しい人間性が何を意味するのかについてもう少し考えたいと思います。教会は何世紀にもわたって、イエスを神によって聖別された者として三重の姿を持って生きたと考えてきました。それは預言者、祭司、そして王です。洗礼を受けた人の生き方は、イエスの独特な人格を特徴づける三通りの生き方と結びついています。私たちが成長し、彼のいのちと人格に近づくにつれ、これら三つの生き方も私たちを特徴づけるようになります。洗礼を受けた人は預言者、祭司、そして王のような生き方を送ります。私たちはこれらの役割を普段そこまでドラマチックな視点で捉えていませんが、このことは何を意味するのでしょうか。

まず預言者としての役割について考えてみましょう。旧約聖書における預言者たちは何をしているでしょうか。もちろん彼らは未来を予言しますが、それ以上に重要なのは、イスラエルの人々にとって不可欠な真実とその本来の生き方を取り戻すために行動し、語りかけることです。彼らは共同体の名誉のために、本来あるべき姿への忠実さを守るために行動を起こし、主張するのです。イザヤ、エレミヤ、アモス、そしてホセアはイスラエルの民に絶えず語っています。「あなた方は自分が誰なのか忘れたのか。神があなた方を何のために招いているのか覚えていないのか。あなたは社会のあらゆる不平等、不正、そして腐敗の中で心地よく居座っている。何のためにここにいるのか、すべてを忘れてしまったのか」と。

したがって、預言者は共同体のあるべき姿を問いただし続ける役割を担っています——それは神から与えられた使命を全うするためです。そういうわけで、洗礼を受けた人はイエス・キリストの預言者的役割を反映し、批判的な目で見て、疑問を投げかける必要があります。洗礼を受けた人は教会を見回し、しばしば次のようなことを言うように促されます。「あなた方は何のためにここにいるのか忘れたのか」「神があなた方に与えた贈り物を忘れたのか」と。

そして、教会内で私たちは互いに対して預言者となり、あなたは何のためにここにいるのか、と問う非常に厄介な役割を果たさなければなりません。だからといって、すべてのキリスト者が他のキリスト者に口うるさく言う必要はありません（それを好ましいと思う人もいるかもしれませんが）。むしろ、互いにキリスト者の生き方の高潔さを示し合う必要がある場合、いろいろな方法があると言いたいのです。「あなたには何が見えているのか」「あなたはどういうヴィジョンを持っているのか」「何に対してあなたは説明責任を持っているのか」など、さまざまです。神の前で互いに穏やかに説明責任を果たせるようにすることは、口うるさく非難するということではありません。もっと静かに、けれども持続的に、一番大事なことが何なのかを互いに呼び覚ましていこうとすることなのです。私たちは礼拝で会うたびにそれを人知れず行っています。理想的には、プライベートで会うときにもそうします。私たちはあらゆる方法を通してそれを行います。教会は批判的な声を常に聴く必要があります。「初心に戻り、すべての源に戻り、神がはじめて私たちに語ったことをもう一度聴いてみよう」と。そして預言者として、私たちはその最も必要不可欠な要素に互いを導き合います――洗礼、聖書、聖餐、そして祈りへと。

しかし、もし私たちが預言者として互いに疑問を投げかける使命が与えられているのであれば、私たちが生活している社会に対してはどうでしょうか。人々は教会が「預言者的」であることを曖昧にし、ときには教会の預言者的役割を、単に今日のあらゆる問題に対して声高に断定的な立場を表明することであるかのような誤解を与えています。しかし、本当はそれ以上のことを意味します。教会は社会の中で重要なになおざりにされている問いを投げかけるべきです。「それは何のためにあるのか」「なぜ私たちはそれを当たり前と思い込んでいるのか」「それは私たちをどこに向かわせるのか」と。私たちは教会の中で互いに問いかけ、さらには社会全体が健全かつ持続するためにこのような問いを必要としています。

祭司としての役割はどうでしょうか。再び聖書に戻ります。旧約聖書では、祭司は、神と人間の相互理解のために意味を解き明かします。祭司は神と人間の関係が壊れたとき、神と人間の間に橋を架けます――神にいけにえを献げ、壊れた関係を再構築します。この観点からイエスの祭司的役割について触れる必要はほとんどないと、私は感じています。洗礼を受けた人たちはイエスの祭司的性質に引き込まれるにつれ、キリストとその霊の力を通して、神と世界の壊れた関係の修復に自分たちがどのような形で召されているのかを見ることになるでしょう。洗礼を受けた人は橋を作る仕事をしています。私たちは、破損、損傷、混乱がある状況を見極め、イエス・キリストにある神の力と聖霊を注ぎ込み、それらを再建しています。私たちは旧約聖書の時代のようにいけにえを献げませんが、すべてを修復したイエスの現実を神のみ前に献げます。私たちはイエスを通して、その修復の業があらゆるところで働くように祈ります。そして、私たちは橋渡しの使命を全うするためにできる限りの献身をし、奉仕をします。

王としての役割は何でしょうか。古代イスラエルでは、王は民衆のために、神に向かって語りかけ、祭司の役割も果たしていました。さらに王は社会の法と正義を形作る権限を持っています。王は人々に神の契約を守らせることができました——そして、正義を実現することができました（もちろん、この任務はひどく失敗する場合もありましたが）。エレミヤ書の中では、貧しい人々に配慮し、乏しい人々のために正義を行う「神を知る」王の代表的な定義が示されています（22・16）。そして、この「王として」の使命は、私たちの日々の営みと環境を神の正義の方向に向けながら、いかに自由に形作るのかという問題を扱っています。それは、互いとの関係、そして世界との関わりを通して、神ご自身の自由を、そしてその自由な癒しと修復を示すことを意味します。

洗礼を受けた人のいのちは私たちが、互いに、そしてこの世界に対して厄介だけれども必要な問いを投げかける能力と勇気を与えてくれます。和解に向かわせ、橋を築き、壊れた関係を修復するいのちです。そのいのちは、正義と自由に目を向け、その自由の中で共に働くことを選択し、人間の社会に神の知恵と秩序と正義を反映させていこうとします。

洗礼を受けた人のいのちはこれらすべての役割を必要とします。もし私たちが預言者のみとして召されたのであれば、私たちは、互いにそして世界に対して辛辣な否定論者になる危険にさらされていたでしょう。キリスト教の歴史、また今日のキリスト教の精神にもそのような姿勢はよく見かけます。そして、もし私たちが祭司のみであるなら、難解な問いかけをせず、できるだけ早く和解に向かおうとする危険に陥るでしょう――厄介なプロセスを避け、手早く話を終わらせてしまうでしょう。そして、もし私たちが王としての権限と正義についてのみ言及するのであれば、管理体制と問題解決の観点でしか考えない危険にさらされるでしょう。しかし、これら三つの役割は、イエスの働き、言葉、そして彼の死といのちの中で不可分に結びついています。ですから、イエスの場合と同様に、これらは人生の中で三つの側面として現れ、ばらばらの使命ではありません。

……しかし、それでも罪人

キリスト教の歴史を通して、洗礼に関しては多くの論争がありました。初期の教会では、洗礼後に罪を犯すことができるかどうかが議論されました。新しい被造物として造り変えられるとき、古い世界はもう存在しなくなると考えることは大きな誘惑でした。パウロはその誘惑について知っていましたが、同時に、古い世界がそう簡単には滅びず、生き残るということを知っていました。そして「古い人」[1]はしぶとく存続していることも知っていました。この「古い人」は、自分がどこへ向かっているのかが分からず、本来の姿を見失っているのです。

　ですから、もし洗礼を受けたあなたが罪を犯しているとしても、パニックになる必要はありません！　神の愛という深淵があなたを包み込んでいることを忘れてはいけません。洗礼を受けた人として罪を犯すとき、あなたは、いわば、神の愛の深淵の外に足を踏み出しているわけではありません（もちろん、意図的にそうしようとしない限りはですが）。むしろ、自分の周りを包み込む深淵を故意に無視し、世界の貧しさと神の愛の現実をないがしろにしているのです。ですから、あなたが扉を再び開かなければなりません。あらゆる悔い改めの祈りによって扉は開き、そしてあなたはあの洗礼の泉が、自分の周りと内に再び湧き上がるのを見ることになるでしょう。

それによって私たちは初心に戻されます。人間の罪の混沌と無秩序、その上に聖霊の風が吹き、神の愛の体現であるお方が水に降りて行き、眩しい光の中へ再び引き上げられ、天から声が聞こえてきます。「あなたは私の子だ」と。洗礼を受けた人たちの共同体はこの神秘の中を生きます――混沌から引き出され、聖霊の風の中で呼吸をし、唯一のみ子に語りかける神からのみ言葉を聞くのです。「あなたは私を父と呼ぶことができる」と。

振り返りやディスカッションのために

1 イエスはどのようにして神と人間の深淵に沈み込みましたか。またどうすればイエスを模範とし、従うことができますか。

2 あなたやあなたの教会は、人と人、集団と集団の間を取り持つ仲介者あるいは橋渡し役として、どのような働きができますか。

3 神との間に障壁を感じたことはありますか。もしそうであれば、その障壁を取り除き、神の近くに再び戻る助けになったこと、あるいは助けになるかもしれないことは何だと思いますか。

2 聖書

聖書はすべて神の霊感を受けて書かれたもので、人を教え、戒め、矯正し、義に基づいて訓練するために有益です。こうして、神に仕える人は、どのような善い行いをもできるように、十分に整えられるのです。

（テモテへの手紙二3章16―17節）

本章では、洗礼を受けた人であることが一目で分かる行いに目を向けます。キリスト者の特徴の一つは聖書を読むことです――あるいは、多くの場合、礼拝の中で聖書のみ言葉が読み聞かされています。宗教改革を継承し、識字文化の一員である私たちが思い起こすべきことは、何世紀にもわたって大多数のキリスト者、そして今日の多くの人々は、聖書を読むのではなく読み聞かされてきたのです。これは非常に重要な事実です。というのは、洗礼を受けた人たちが礼拝の中で聖書に耳を傾けているのを見ると、聖書を読み上げるということはキリスト者として生きる上で必要不可欠であると気づきます。なぜなら、キリスト者として生きることはみ言葉を聴くことだからです。キリスト者とは、神が語りかけてくださるのを待つ人々のことです。この章の中ではこのことを根本的なテーマとして探求します。

　洗礼を受けたキリスト者は、神に対して話しかけるだけでなく、神から聴くことを習慣としています。実に、聴くことにより神との会話が可能になります。キリスト者は神に耳を傾けます。また、キリスト者の共同体ははじめからみ言葉を神の声を伝えるものとみなし、他の信徒たちとの交わりの中でみ言葉を聴きます。私たちが想像する聖書を読む人の姿は、おそらく、一人で部屋の中で製本されたものを持って座っている人のイメージによって形成されているのではないでしょうか。しかし、それは非常に現代的で、歴史的に見るなら少数派の見方です。初期キリスト教の時代には、ほとんどの教会では聖書全巻を手に入れることはできなかったに違いありません。

　古代の世界では、写本を書き写すのに膨大な時間と労力がかかりました。聖書の全巻を手に入れるためには、写本をいくつも複写しなければならないことを想像してみてください。現在の私たちのように聖書があり余っているなんてありえません。人々は聖書を暗記しました。そして聖書を暗唱し合いました。その一部を、しばしば記憶から書き記しました。そのようなわけで、初期キリスト教の文献には多少誤った聖書の引用が多くあります。なぜならそのような時代でさえ、人々の記憶は完璧ではなかったからです。そして、人々は日曜日の〔礼拝で用いられる〕朗読集を集めました。しかし、聖書の全巻はどうだったでしょうか。おそらく大規模な教会に限られ、キリスト者が個人的に所有することはなかったでしょう。いずれにしても、数十巻の巻物を個人が持ち歩くことはありえません。

すべてのキリスト者が、慣れ親しんだ聖書を所有し、携えていることの重要性を否定するわけではありません。しかし、私たちはしばしば聖書を読む上で何が中心で最も重要であるかをいろいろ考えますが、それは過去何世紀にもわたってキリスト教世界の多くの地域ではある意味奇妙なことでした。また、今日でも、それは多くのキリスト者にとってはおかしなことです。書店に行っても聖書を買うことができない貧しい教会が、聖書を真に価値あるものとして扱っているのを見ると心を揺さぶられます。

数年前、私が当時奉仕していたウェールズ教区では、レント〔大斎節、受難節〕の企画として、全教区からウガンダ北部のランゴ教区の全域へ聖書を配りました。ご想像通りその反応は温かく、大変感動的なものでした。

神の声を聴く

聖書を通してキリスト者が神の語りかけを聴くのは当然なことです。これは、教会が聖書について述べていることであり、また聖書自体も、神は聖書を通して私たちへの教えを伝えていると明言しています。しかし、この主張はいくつかの問題を含んできました。聖書を手に取ってみましょう。無作為に開いて最初に目にする記述が、文字通りの意味で神からあなたへのメッセージである可能性は低いでしょう。あなたは詩編に出くわすかもしれません。この書物では人間が神に語りかけています。あなたは歴史の一部に出くわすかもしれません。または、聖書に出てくる長文で難解なことで知られている家系図の一部を見つけて、神はいったいあなたに対して何を言っているのかと首をかしげるかもしれません。「エノクにはイラドが生まれた。イラドはメフヤエルをもうけ、メフヤエルはメトシャエルをもうけ……」(創4・18)。また、あなたは、弟子たちに向けられたイエスの印象的で、心に突き刺さる、回心を要求するような言葉に出会うかもしれません。さらには、パウロの書簡内にある複雑な議論に出くわすかもしれません。しかしあなたはすぐに、聖書は「神は、あなたに次のことを言っている」と始まる一連の教えではないことに気づきます。

端的に言うと、聴衆に直接向けられている言葉は多くありません。いったいどうなっているのでしょうか。ここには、律法、格言的知恵、賛美、詩(恋愛詩を含む)、歴代誌、書簡、社会を批判する論争的な記事から幻の記録などの集大成があります。聖書の多様性は、表紙から裏表紙にかけて、例えばシェイクスピアのソネット集、一九一〇年の判例集、カントの『純粋理性批判』の序文、アンセルムスの手紙、『カンタベリー物語』からの断片が収まっているかのようです。しかもそのすべての内容が同じ本の表紙と裏表紙の間にあるのです。さらに、聖書という書物の歴史的期間は、いま挙げた例よりも長いことを忘れてはいけません。

　これら多種多様な書物をどれか一つにまとめたいという誘惑に駆られることがしばしばあります。それはすべてが本当に律法であり、すべてが本当に歴史であり、すべてが本当に詩であるという風に。もしすべてが本当に律法であるならば、聖書は本質的に規則が中心で端々に少し説明的な資料が付け加えられているということになります。もし聖書がすべて歴史であるなら、それはユダヤ教とキリスト教がどのように発展したかについての非常に興味深い記録であり、それぞれの歴史的事件における彼らの考えがある程度付け加えられたものになります。もしすべてが詩なら、他の種類の詩以上にそれを真剣に受け止める必要はありません（というのは、多くの人が詩をただ想像上のお飾りに過ぎないと考えているからですが……ああ、神よ、どうか彼らをお赦しください）。実際のところ、聖書を分かったつもりになってページを開くなら、聖書は何か違ったものに変わってしまうのです。

　いったい、この聖書全体を通して、神は私たちに何を伝えているのでしょうか。すでにヒントを出しましたが、このことを理解する最も簡単な方法があります。聖書とは、神があなたに聴いてほしいと思うものだと考えるのです。神はあなたに律法や詩や歴史を聴いてほしい。神はあなたに論争や幻を聴いてほしい。神は、あなたに書簡の内容を聴き、歴代誌について考えてほしいのだ、と。旧約時代のユダヤ教徒や現代のユダヤ教徒と同様に初期のキリスト者は、それが神からのメッセージ、つまり「これが主の言葉である」となぜ言えるのかと深く考えてきました。表面的な意味だけでは理解できません。表面的な意味では、神があなたになぜそれを聴いてほしいのかを理解する助けにはなりません。これは神のみ言葉かもしれませんが、でもなぜあなたがそれを知っていることが、神にとって重要なのでしょうか。

聖書から一つ、関連する話をしましょう。イエスが福音書の中でたとえ話をするとき、彼は守るべき律法の宣告をしているわけではありません。イエスが語っているのは、物語です。彼は、あなたに働きかけるために、うまく味わう必要のある、刺激的でドラマチックな短い物語をいくつも伝えています。そして、その物語を聴いた結果、あなた自身に、どういう変化があったのかを判断しなければなりません。一つ一つの声に耳を傾けてください。物語における出来事の関係性を観察し、たとえ話の結末を読んだとき、あなたは今、どこにいるでしょうか。あなたは最初にいたところにはもういません。物語に登場するさまざまな人物を見て、自分自身について何を語っているのか探さなければなりません。多くのたとえ話を通して、イエスは一つの質問を投げかけます、「あなたはこの物語の中の誰なのか」と。あなたは家に帰ってきた放蕩息子でしょうか、それとも家の玄関で腕を組んでうんざりして待つ独善的な兄でしょうか。あなたは誰でしょうか。

つまり、物語全体は意図的に何かの効果をもたらします。物語全体はあなたを引き込み、神との関係におけるあなた自身について考えさせることを意図しています。しかし、イエスは物語に登場するすべての人の言動を容認しているわけではありません。彼はどうしてそのようなことができるでしょうか。イエスは、不当な裁判官や残忍な暴君についての話をしたとき、それが良いことだとは言っていません。彼はそのような人物が登場する話をし、最後にあなたはどこにいるのか、誰なのか、と問いかけています。

したがって、たとえ話については断片的にある部分の詳細に焦点を当てることは何の助けにもなりません。物語全体があなたに変化をもたらす必要があります。話の途中で結論に飛びついてはいけません。このことは、聖書全体を考える上でも少し役立つと思います。聖書とは、このように言い表せると思います。神は、私たちにたとえ話、または一連のたとえ話を語っているのだ、と。神は言います。「人々はこのようにして私の話を聞き、私を見て、私に応えた。私はこのような贈り物を彼らに与えた。そしてこのような反応があった。あなたはどこにいるのか」と。

もしこれらの物語の中に神に対するイスラエルの衝撃的な、あるいは受け入れ難い反応があったとすれば、神がそのような反応を好んでいるという前提を持つ必要はありません。例えば、旧約聖書に登場する多くの古代イスラエルの人々は、「民族浄化」を行うこと――導かれてきた約束の地の先住民を容赦なく虐殺すること――が神の意志であると、明確に理解していました。そして何千年もの間、人々は「神が大量虐殺を命令したり承認したりするということですか」という疑問を抱いていました。もし神がそのようなお方なら、聖書全体が神について言っていることとひどく矛盾してしまうでしょう。しかし、このような応答が単に物語の一断片であると理解すれば、当時の人々がそのときどのように神の意志を行っていたかを窺い知ることができます。重要なのは神を見て、そして自分自身を見て、自分はこの物語の中のどこにいるのだろうかと問うことです。あなたは、聖書全体から見て、古代イスラエルよりも愛情深く、忠実に応答することができているのでしょうか。

物語全体を聴く

人々の聖書理解における大きな悲劇と過ちの一つは、「聖書の中に書いてあるから」と、旧約聖書の中で人々がしたことを正しいと決めつける想定です。こうした想定は暴力、奴隷制度、女性に対する虐待と抑圧、そして同性愛者に対する残酷な偏見を正当化してきました。この想定は、私たちがキリスト者として今では悪と考えているようなことを正当化してきたのです。しかし、こうした出来事が聖書の中に記されているのは、神が「それは良かった」と伝えたかったからではなく、「こうした出来事が一部の人々の反応であることを知る必要がある。私が人間に語りかけるとき、物事がうまくいかないこともあれば、素晴らしいこともある」と私たちに伝えたいからです。神は私たちに言います。「私の語りかけは、聴いて簡単に分かるとは限らない。なぜなら人間とはそういうものだから」と。すなわち、私たちは物語全体のほんの一部を取り上げ、その一部を行動の模範にする誘惑から身を守らなければなりません。キリスト者はしばしばその悲劇の道を通ってきたのであり、それはひどい有様でした。私たちはむしろ、聖書がイエスのたとえ話であるかのように読んでいく必要があります。そのすべては、自分自身を新たに、より誠実に見つめ直すために与えられた贈り物であり、挑戦であり、新しい世界への招きでもあります。

神は物語を通して私たちに語ってくださいます。神は、単に率直に語りかけるだけでなく、人々の応答がどのようなものであったのかを、律法、格言、詩や雅歌の中の具体例を通して語りかけます。私たちは、数千年前に神の呼びかけがこれらの人々に与えた影響を目撃することによって、それを聴きます。しかし、たとえ話と聖書全体には一つの重要な違いがあります。イエスのたとえ話は単純で同時代的な話です。日常の状況を引き合いに出します。たとえ話はほとんどの場合、ごく普通の人々との関係において、実に平凡な方法で扱われます。しかし、聖書全体の歴史ははるかに長いのです。聖書は単に「ここに物語があります」とは言っていません。「これがあなたの物語です」と言っています。あなたの生涯は、ノア、アブラハム、そしてモーセから始まりました。あなたの歴史は彼らに遡ります。その歴史はあなたの過去です。聖書の中に書かれている人物たちはあなたの家族です。

　聖書の物語は、必然的に歴史と関わっています。それは、物事がどのようにして存在し、そしてそれらの成り立ちが、今なお、あなたをキリスト者として形作っているのかについて語っています。もしあなたがアブラハムに会ったならば、おそらく大変驚くでしょう。いつの日か、神のみ心ならば、アブラハムの武勇伝を支える遠い祖先に会うことができるかもしれません。でも、少し驚くだろうと思います。それは、全く異なる文化と言語を持つ、長い間疎遠になっていた従兄弟に再会するようなものだからです。オーストラリアから訪ねてきた又従兄弟に会うよりも大変なことでしょう。その先祖というのは先史時代のメソポタミア出身の百万番目の従兄弟なのです。そして、あなたが最初に直面するのは、間違いなく、彼とどのように付き合うべきなのか、という戸惑いでしょう。しかし、聖書はこう言っています。「この人はあなたの家族であり、彼の物語はあなたの物語の始まりです。もし彼がいなければ、今のあなたにはなっていなかったでしょう。だから、この違和感に慣れましょう」と。

聖書全体において歴史が重要であるのはこのためであり、たとえ話にはそれは当てはまりません。イエスが、かつてある人に息子が二人いた、と話し始めたとき、誰かが手を挙げて「彼はどこに住んでいるのか。彼の名前は何か」と尋ねたなら、厄介な人だとみなされるでしょう。たとえ話を聴いているのが子どもならこのような質問をするかもしれません。しかし、聖書全体は、抽象的な事例だけを取り扱っているのではなく、特定の時間と場所の中で展開される物語であり、今ここに向かって進み、私たちに向かってきていることが重要なのです。

ここで、聖書における歴史的事実に対する難問が浮かび上がってきます。聖書は正確な歴史なのか。一部の人々はこの問いに対して多大な懸念を抱いてきました。たくさんの書籍を通して多くの試みがなされてきました。例えば、ダニエル書に記されたバビロニア史は他の聖書以外の資料と一致していると言うことができます。私はこの結論に至る巧妙さには感心しますが、そのような人たちは何か勘違いをしているのではないかと思っています。神は本当に私たちに古代バビロニア史を正確に詳しく知ってほしいのでしょうか。そうではないと思います。神は、強制連行され捕囚となった人々、その迫害された少数派の人々が恐怖と不安を抱えつつ、敵国家と異教的な力に対してどのように対応したのかを私たちに知ってほしいのだと、私は確信しています。ダニエルはまさにこのことについて教えています。ダニエル書は、旧約聖書の中のどの物語にも劣らず、キリスト教文化の隅々にまで浸透するほどに、力と深みをもって語りかけます。ライオンの穴に投げ込まれたダニエルについて何も知らない人はほとんどいません〔ダニ6章参照〕。

神は私たちに何を知ってほしいのでしょうか。神は私たちに何を伝えたいのでしょうか。古代イスラエルの歴史のある時間の中で、神の民が亡命と迫害の経験を通して、黙し、考え、祈り、そしてどのようにして忠誠を保つかを、いかに新たな情熱をもって思い描いたのかを、神は伝えたいのです。神は私たちにそのことを知ってほしいと思い、神の民がどのように応答したのかを知ることを望んでおられます。そして、私たちに自問することを求めます。「私たちはこの物語のどこにいるのか」と。バビロニア帝国、捕囚、迫害の現実がなければ、こうした物語はなかったでしょう。確かに、歴史は重要です。しかし、それはダニエル書のベルシャツァル王の治世の年表が、中東での考古学の遠征で掘り起こされたものと一致しなかったら信仰を失ってもいいという意味ではありません。

ダニエル書の年表は、起こりうる矛盾の例を示しています。聖書を読むにあたって一定の常識を持つ必要があります。歴史の詳細にこだわるよりも、「神は私たちに何を伝えたいのか」という問いに戻り続けなければなりません。もし聖書の歴史の絶対的な正確さを固く信じるのであれば、的外れの質問に正しい答えを出してくれる、一種の「魔法」の本とみなす危険にさらされます。聖書はイギリスの戴冠式で述べられたあの素晴らしい言葉の通り、「神の生きたみ言葉」です。聖書が意図していることは、過去の出来事の単なる年代記ではありません。それは、救いのために何を知る必要があるかを今の私たちに教えてくれる、神との生きた対話です。

聖書の真価は、歴史的な正確さだけでは十分に測れないにもかかわらず、このことに執着する傾向があります。他方では「正直に言うと、何が起きたかは大した問題ではない。重要なのは良い話であるかどうかだ」というような歴史への無頓着な態度との間にバランスを取りながら、慎重にことを運ぶ必要があります。なぜなら、私たちは歴史的存在であり、時間の経過とともに学習し過去を振り返るからです。ですから、実際に生きた人々が現実の歴史的瞬間の中で、バビロニア帝国やライオン、また死の脅威や闘う勇気について考えたことには意味があります。彼らが実際にそのような危機に直面し、どのように立ち向かうかを思い巡らしたことは事実であり、そしてそれは今の時代にも通じるものがあります。

同時に、新約聖書に関しては、私たちは少し違った土俵に立っていることを認識する必要があります。というのは、新約聖書の著者らが記述した文章は出来事の直後に書かれているからです。そして、明らかに、ある程度の個人的な回顧録を含む伝承の複合体を扱っているからです。紀元前五〇〇年の誰かが紀元前一五〇〇年に起こった出来事を物語っているわけではありません。人の一生分の長さでの話です。ですから、端的に言えば、新約聖書の歴史的根拠はきわめて重要です。そこには神との対話の影響を受けた第一世代と第二世代による回顧録が反映されています。

キリストが中心

そこで、私たちの視線はイエスに向けられます。神の物語の中に自分自身を見出し、振り返り、また想像することは良いことです。しかし、その中でどのようにして良い解釈と悪い解釈を判断できるのでしょうか。真実と虚偽を見分けるにはどのような基準があるでしょうか。キリスト教の答えは当然イエス・キリストにあります。キリスト者が聖書を読むとき、物語の中心にはイエスがいます。以前に起きたことの意味のすべてはイエスにあって赤裸々に示されます。将来の方針はイエスにあって定められています。そして、ユダヤ教の聖典それ自体の一貫性を覆したり、あるいは無視したりすることなく（それは、ユダヤ教徒の経験と考察をできるだけ慎重かつ敏感に理解する必要があるという、複雑な課題です）、キリスト者は、新たな意味の深みが明らかになるイエスの生涯、死、復活という地点に向かう中継点として、これらのユダヤ教の聖典を読むのです。

神の創造と人間の応答といったこれらすべての物語は、イエスにかかっています。この手元にあるイエスの物語は、私たちに無条件の従順と愛がどのようなものかを見せてくれます。ここにあるのは、神への誠意に満ちた、完全無欠な応答をしたイエスの物語、そのような応答を引き出す神の行為を完璧に再現するイエスの物語です。つまり、神の語りかけと人間の応答が不可分に結びついたイエスの物語なのです。もし聖書全体が神の語りかけと人間の応答について述べているのであれば、光輝く中心にあるイエスの物語を見ることで、他の部分を読む術を知ることができます。イエスは生き、死なれ、死から甦り、彼の霊を教会に吹きかけました――その光に照らされ、聖書を読みます。

それは一生をかけた作業です。キリストを中心とする聖書の読み方は、人が一生かけても完成できるようなものではありません。というのは、聖書が持つおびただしい数の事柄が、中心であるキリストとどのように関係しているかを完璧に理解することはないからです。逆に、誠意を持って読んでいくと、その中心的な現実の周りを行き来し、毎回何か新しいものが見えるようになるかもしれません。「ああ、レビ記のあの部分とエゼキエル書のあの部分をイエスと関連づけると、このような新しい意味を持つのか」と。キリスト教の聖書解説の膨大な歴史は膨らみ続けている活動にほかなりません。さまざまな事柄を中心へと関連づけていくのです。聖書の読み方を知っている人がしているのは、こうしたことなのです。イエス・キリストとの関係性の中ではっと気づかされるような出会いを願いながら、聖書を熟考し、吸収します。

聖書を読むことは、イエスの内にある神のみ言葉に耳を傾けることです。キリスト者はどんな状況でもそうすべきです。それは、聖霊を通して、古代イスラエルの人々と初期キリスト者が神とどのように関わっていたかという物語の中に招き入れられるということです。聖霊があなたを物語の中に招き入れ、それがあなたの物語であるということに気づかせてくださいます。突然、古代中近東の見知らぬ異国風の人物たちがあなたの目を見、そして自分自身の姿がそこに反映していることに気づきます。確かに、あなたは彼らと似ており、また彼らもあなたと似ています。聖書を読む中でその時代と今の時代に共通点を見出し、今のあなた自身の物語がそこにあることに気づきます。聖書を読みながら成長し、成熟するには、イエス・キリストと照らし合わせていく中で、神に対する誠実な応答と不誠実な応答のパターンを見つけることを要します。キリストを中心にして祈りを込めて読むと、このようなことが起こり始めます。

　これは二十一世紀の発見ではないと認識することが重要です。聖書の中ではこの気づきはずっと起こり続けています。旧約聖書の例を挙げてみましょう。列王記上下を通して、預言者たちとイスラエルの王たちの日々の葛藤について読むことができます。最も劇的な話の一つは、イエフによるイズレエルのアハブ王家の虐殺です（王下10章参照）。この物語は、列王記下の中では神の義の勝利として紹介されています。驚異的な規模の殺戮を行った残忍なイエフは、アハブ王とイゼベル王妃の肉親や親族だけでなく、親しい関係にあったすべての人を抹殺しました。イエフは預言者エリシャによってこの特別な任務を与えられていたのです。

今では、明らかに、問題ばかりの話です。無作為に殺戮が繰り広げられているのですから。しかし、人々がそれに気づくのに二〇〇〇年の時はかかりませんでした。というのは、ホセア書（1・4）の中で、イズレエルの預言者がこの出来事のほんの数世代後に、この物語を振り返り、イスラエルは勝利の名ではなく、歴史の恥辱の名であり、イエフの残虐行為は罰するに値すると言ったのを見るからです。何かが起き、見方が変わりました。それが何を意味しているのかと聞かれたら、ホセアはきっとこのように答えたに違いありません。「私の預言者の先祖たちは、自分たちが絶対に神の意志を実行していると思い込んでいました。アハブ王家の暴政と偶像崇拝という不正に終止符を打つべきだったのです。しかし、人間とはそういうものなのです。イスラエルに神への忠誠と不正への抵抗をはっきりとみ言葉によって呼びかけたにもかかわらず、いとも簡単に人間の残虐行為と暴力をより一層誘発する口実になってしまいました。それを思い出すと、涙を止められません」。

私にとってこれは、旧約聖書の中で起きた強烈な印象を残す出来事です。過去について理解を深めて、過去を反省することができるということを気づかせてくれます。預言者ホセアの世界は、神の内にある何かを一層よく見るために心を開かせました。ホセアは民への神の抑えられないほどの愛、まるで恋人であるかのような愛に見えるかもしれませんが、決して諦めない愛を貫く聖なる献身について、感動的に書いています。そして、キリスト者にとって、この出来事は、苦難を打開するイエス・キリストの内に私たちが見出す神の恐ろしいほどの憐れみの前触れなのです。

共に読む

私の最後の要点は、この章の冒頭で触れたことです。私たちは聖書を共に読みます。私たちが読む聖書は、過去の大勢のキリスト者によってすでに読まれ、今日も他の人々によって読まれています。ですから、聖書が、自分に語りかけていることだけでなく、自分の周りや過去の人々に対して語りかけていることにも耳を傾ける必要があります。それは教会における「伝統」が意味することの一つです。あなたは人々が聖書をどのように読んできたかに耳を傾けます。それは今、教会にとって最も重要なことの一つです。私たちが聖書を読み、互いに聴き合うこと。これは思いのほか驚きを与えることがあります。例えば、一九七〇年代と八〇年代の多くの人々は、出エジプトの物語がラテンアメリカの貧しい共同体の人々にとって何を意味したのかを理解したときに驚きました〔1〕。他にもたくさんの例があります。

このように、私たちは共に読み、共に聖書に聴きます。一人の読者が室内で手に聖書を持つ姿ではなく、誰かが神の物語を多様な人々の集まりに向けて公に語っている姿を想像してください。そして、その集まりの中にいる人たちは、自分自身や周りの人たちに、次のように問いかけ合っています。「この物語のどこに私はいるのか。これを読むことを通して、どのようにして私たちは共に生まれ変われるのか」と。そのとき、聖書はキリスト者の生活にとって、欠かせない源、またしるしにもなります。

振り返りやディスカッションのために

1 聖書の物語から一つを選び、読んでみて、自分がその物語のどこにいるのか考えてみてください。なぜそのように思いましたか。そして、聖書を通して聴くその神のみ言葉は、あなたにどのような影響を与えていますか。

2 聖書の中で、人間に対する神の語りかけではなく、神に対する人間の応答の事例を一つ挙げてみてください。その応答をどのように説明できますか。それは神が喜ぶ応答だと思いますか、それともそうではないと思いますか。

3 キリスト者にとって、イエスの生涯と教えに照らして聖書を読むことは、なぜ重要ですか。聖書の他の部分を解釈するときに影響を与えるイエスの行い、あるいは言葉はありますか。

3 聖餐

「見よ、私は戸口に立って扉を叩いている。もし誰かが、私の声を聞いて扉を開くならば、私は中に入って、その人と共に食事をし、彼もまた私と共に食事をするであろう」。

（ヨハネの黙示録3章20節）

キリスト者にとって、パンとぶどう酒を聖餐式で分かち合うことは、自分がいつも、招待客として迎え入れられている人間なのだと自覚して生きることを意味します。これはおそらく、聖餐について言うことのできる最も分かりやすいメッセージですが、やはり究極的な価値のあるメッセージです。聖餐を通じて、イエス・キリストは、私たちに一緒にいてほしいと言います。

招きの言葉

福音書を読むと、しばしば次のような印象を受けます。もし古代ガリラヤの町のどこかから、がやがやと笑い声や話し声、歌声が聞こえてきたら、その辺りのどこかにナザレのイエスがいると分かったのだろうな、と。イエスはどこへ行っても人々と進んで交流しました。それは福音書の中で最も特徴的な行為の一つとして覚えられています。なぜなら、イエスと仲良くしていた人々もそのことを気恥ずかしいと感じたからです。人を分け隔てしない寛大さとよそ者と付き合う積極性——これらの型破りな行動を記録した初代教会の福音書の著者たちにとって、それは頭を抱えるほど描きにくいことでした。しかし、このようなイエスの姿を否定し、隠すことはしませんでした。むしろ、そのようなイエスの姿はあまりにも鮮明に覚えられていました。イエスは人々と共にいることを求めました。そのようなわけで、彼がいるところには祝いの場が生まれ、人と人とが結びつけられました。

　福音書にはイエスともてなしについての物語がたくさんありますが、その中でも聖餐について特に非常に重要なことを教えている話が一つあります。イエスがエリコを訪れ、ザアカイと出会う、ルカによる福音書19章の物語です。徴税人のザアカイは群衆に遮られイエスを見ることができないのを懸念し、誰にも気づかれないようにと思いながら木に登ります。イエスはその木の下で足を止め、上を見上げます。想像してみてください――そのとき、枝の上に座り、顔を赤らめた徴税人の方へと数千人の視線が集まり――また、イエスが彼に、「私を家に招いてくれないか」と言った瞬間に群衆が息を呑む光景を。

　言い換えると、イエスはもてなしを行うだけでなく、他の人のもてなしをも引き出します。イエスが招いてくださるので、人々もまた他の人々を招くことができるようになります。福音書の中でイエスと人々との間でもてなし合ったことは、聖餐についての最も大切な要素を示しています。私たちはイエスの招待客です。私たちがそこにいるのは、イエスが私たちを求め、共にいることを望んでいるからです。同時に、私たちの生活の中にイエスを招待し、そして聖餐を通して文字通り私たちの体にイエスを招き入れる自由が与えられています。イエスに迎え入れられることにより、勇気が与えられ、私たちの心が開かれます。ですから、与え、受け取り、招かれ、受け入れられ、その流れは途切れることなく続きます。私たちは歓迎を受け、歓迎を行います。私たちは神を歓迎し、予期せぬ隣人を歓迎するのです。それは、確かに聖餐の特有で素晴らしい事柄です。私たちはイエスと聖霊に祈り、私たちと共にいてくださいと呼びかけます。私たちにこのような呼びかけができるのは、はじめにイエスご自身が、私たちに共にいるようにと呼びかけていたからです。「私を家に招いてくれないか」と語ることで、イエスはザアカイを、そして私たちを招いているのです。

このように招き招かれる様は、福音書におけるイエスの宣教活動の描かれ方の中心にあります。これはただ単にイエス個人の人当たりが良い性格でもなく、その宣教活動の主要な働きへの飾りつけでもなく、おまけの一種でもありません。これはイエスが共同体の再建に取り組む、目に見える実践的な手段です。今の時代、真の神の民とはいったい誰なのでしょうか。それはイエスの招待を受けた人たちです。それは儀式的な要求をすべて満たしている人たちではなく、敬虔さの基準で高い評価を得た人たちでもありません。「私を家に招いてくれないか」と呼びかけるイエスの言葉に、自発的に耳を傾ける人々のことを指します。それはとてもシンプルです。イエスの宣教活動の中で分かち合われる食事は、共同体を新たにする方法なのです。そして、「神の民」とは何を意味するのかを考え直させる土台となっているのです。

さて、福音書の復活物語の偉大なテーマの一つは、イエスと私たちが互いに歓迎し合う関係であることが、イエスの十字架上の死の後にも再び繰り返されるということです。復活をめぐる重要な真理の一つは、復活後のイエスが、死の前にしていたことを変わらずに続けているということです。そのうちの一つこそが、歓迎し、歓迎されるということです。ルカによる福音書において、イエスが鍵の掛かった扉から入って来るとき、恐れてはいけないと弟子たちに告げた後、最初に言ったことは、「私に何か食べるものをくれないか」でした（24・41参照）。弟子たちは、ザアカイのときと同様、救い主の存在にあぜんとなったため、一瞬、日頃の礼儀を忘れてしまい、イエスに注意されなければなりませんでした。そして、ザアカイが木からそそくさと降りて、客人を招くためのふさわしい言葉を探そうとしたように、弟子たちもまた、イエスの復活の日、申し訳なさそうに食器棚の中をひっかきまわしていて、見つけてしまったのが、少し古くなった魚だった――そのようなことがあったかもしれません。「何か食べるものをくれないか」。復活のイエスが弟子たちにかけた言葉は、徴税人のザアカイにかけたときの言葉と同じ声の調子です。そして、それはザアカイのときと同じ、奇跡的な歓迎の出来事なのです。復活したキリストは普段通りのことをしています。だからこそ、使徒言行録の中で復活したキリストを宣言する使徒たちは、「イエスが死者の中から復活された後、食事を共にした」（10・41）証人たちだという自己認識を持っています。

　復活したキリストが弟子たちと一緒に食事をするのは、キリストがそこに「本当に」いることを証明するためだけではありません。この食事は、イエスが地上にいたとき、新しい共同体を創造するためにしたことですが、復活した後の生においてもなお、イエスが使徒たちと共にすることであると言いたいのです。私たちは、洗礼を通して使徒たちと共にいるところへ招き入れられます。そして、この洗礼を通してイエスがいるところに導かれることを思い出してください――私たちは、イエスと共に飲み食いをするために集まり、あの「使徒的」な瞬間を分かち合うのです。だからこそ、何世紀にもわたり、キリスト者は、使徒たちの語ることを同じように語り続けることができたのです。キリスト者たちとは、イエスが死者の中から復活された後、食事を共にした人々なのです。

復活を信じなければ聖餐は一切意味をなしません。復活がなければ、それは二階の広間で起きた最後の晩餐という悲しく印象深い出来事が思い出される、単なる記念の食事になってしまいます。伝えられるところによれば、ヴィクトリア女王は、復活祭の日曜日の聖餐式に出席するのを好まなかったそうです。なぜなら、楽しい一日がなぜこんなに悲しい礼拝を献げることによって中断になるのか理解できなかったためです。聖餐を祝ういくつかの方法には、確かに重苦しいやり方もあります（これが必ずしも不適切でない理由を後ほど説明します）。しかし、聖餐のそもそもの始まりは、使徒たち自身の始まりに求められねばなりません。すなわち、イエスが死から甦られた後、使徒たちと一緒に食事をしたり飲んだりし、彼らが復活したイエスと再び新しい次元での生活を共にし、新しい交わりと連帯が始まったことにです。そして使徒たち自身も歓迎する側に立つことを可能にする、新たな意志と能力を付与された経験にです。

聖餐を祝うことは、私たちが客人として招待されていることを思い出させてくれるだけではありません。他の人を客人として招待する自由をも与えられていることを思い出させてくれます。私たちはキリストを通して神のもてなしを体験しました。私たちのいのちは他者を温かく迎え入れるために解き放たれています。洗礼について考えたとき、キリスト者のいのちとはいかに人間の貧しさ、飢えと苦しみの近くに連れて行かれることだったかを覚えているでしょう。聖餐について考えてみると、もう少し詳しい説明を補うことができます。イエスの近くにいることは、イエスの招く自由を分かち合うことです――連帯や交わりを最も欲している人々のために、私たちの生や共同体を歓迎する場として創り直します。共に聖餐にあずかる人々として、イエスご自身が行い続けたみ業、人と人の間の溝に橋を架け、共に分かち合う生に人々を引き込もうとします。私たちの利己心、忘れっぽさ、そしてどうしようもなく悪い習慣は神と人間の間に溝を作ってしまいますが、その溝を埋めるイエスの重要な任務を成し遂げる力と光の中で、私たちは共に歩みます。

与え主なる神

しかし、聖餐の土台となる出来事は何であったのでしょうか。ルカによる福音書では、イエスが友人たちと最後の食事を共にしたことが記してあり、その席でイエスは命じます。「私の記念としてこのように行いなさい」(22・19)と。イエスはあの最後の晩餐のために友人たちと会い、裂かれるパンとぶどう酒を、十字架上で裂かれるご自分の体と流される血潮とみなすように言いました。つまりそれは実際に、「これから私に起きること、耐えなければならない苦しみと死、肉が引き裂かれ、血が流されることは、神の招きと神の慈悲の最終的な、また決定的なしるしである」と言っていることを意味します。それは究極の悲劇や災難ではなく、むしろ御父が歓迎してくださる開かれた扉です。これこそイエスが、聖木曜日に二階の広間で語っていることであり、また私たちが彼の死を記念し、彼の復活を証言し、再臨を期待しながら、聖餐を祝うたびにも彼はこのことを語っているのです。もし「最後の晩餐」を単なる憂鬱で影を落とす出来事としてのみ振り返るなら、イエスが実際に語っていること、行っていることが何であるかを、すなわちその十字架と復活の奥義を指し示していることを私たちが忘れてしまうのです。

二十世紀の著名なイエズス会の神学者モーリス・デ・ラ・タイユは、最後の晩餐におけるイエスは「ご自身をしるしとする」と言いました。イエスの体と血と同一視されるパンとぶどう酒は、聖金曜日と復活祭という世界を変える出来事そのものです。したがって、神の未来のしるしなのであり、神の約束なのだと、イエスは宣言しているのです。イエスは、裂かれるパンとこぼれ落ちるぶどう酒をご自身の裂かれる肉体と流れ落ちる血潮と同一視することにより、近づいている死が希望への扉だと言います。イエスは、まさにその眼前にある死の現実を心から受け入れたとき、ゲッセマネの園が彼の死の前兆を示したときですら、感謝を献げていました。つまり、イエスが、ご自身の体験を神の現実と結びつけるのは、それこそが感謝を献げるということだからです。神に感謝の言葉を述べるとき、私たちは自分の体験を与え主なる神と結びつけます。私たちに起きたことは、神からの贈り物に何らかの形で根ざしているのだと言っています。傷と血、体が裂かれ、血が流される前に、イエスがその瞬間に感謝を献げるのは、まるで、人間の経験の中で最も暗いところを与え主なる神と結びつけているかのようです。このような暗いところでも神は与え続けておられるので、私たちは感謝し続けなければならないと言っているかのようです。そのため、ギリシャ語の「エウカリスティア」（感謝）はキリスト者の間で根づき、聖餐式に参入するときに行うことの最も古い、また一般的な名称として用いられるようになりました。キリスト者は、心が最も暗くなるような体験の中でも、感謝するために集まります。

ですから、私たちがパンとぶどう酒を通して主の前で感謝を献げるとき、私たちは――イエスと共に、またイエスの中で――世界と神との間に、そして人間の経験と与え主なる永遠の神との間に繋がりを築こうとします。この繋がりを通して私たちは、周りの世界を違う視点から見始めるようになります。あらゆる経験の隅々にまで与え主なる神が働いているなら、私たちが見て扱うすべてのもの、遭遇するすべての状況の中に与え主なる神がおられ、私たちの応答はこのことによって形作られます。ですから、聖餐で起こっていることを真剣に受け止めることは、世界の物質的秩序全体を真剣に受け止めることです。すべてをある意味で聖奠的（サクラメンタル）に見ることです。もしイエスが死の前夜にパンとぶどう酒で感謝を献げるなら、もしイエスが神から最も離れたところである苦難と死を御父から与えられ注がれるものと結びつけるなら、もしイエスがこれらを融合させるなら、私たちがどこにいても神との繋がりは可能になります。あらゆる場所、人、事物には、その内部に思いがけないサクラメンタルな深みがあり、与え主なる神に通じています。

そのため、多くのキリスト者は聖餐について振り返るとき、地球環境に対するキリスト教的態度がどのようなものであるかを知るようになりました。与え主なる神がすべての瞬間と物質世界の中に、背後に、そして奥底にいるかのように、私たちはこの世を生きているでしょうか。いいえ、ほとんどの場合そうではありません。私たちは自分の都合や利益しか考えず表面的な生き方をしています――さながら、事物は、それ自体の深みや完全性を有しているのではなく、ただ私たちに搾取され、乱用されるためだけに存在するかのようにです。この世界全体は、神の与えるという恵みが、あらゆる瞬間、目に見えないところで脈動しています。この世界への畏敬の念は、聖餐のパンとぶどう酒を畏れることから始まるのです。

だからこそ、キリスト教史の中ではときに物議を醸してきたのですが、パンとぶどう酒への畏敬の念は、本能的にキリスト者にはふさわしい、良いものだと感じられてきたのです。ですから、聖餐式の終わりには、残り物を敬い、すべていただくことが『祈祷書』に書かれています。[1] ここで世界というものは、私たちに届けられる神の力や愛と同じものとみなされています。このことをないがしろにしてはなりません。聖別されたものに敬意を覚える伝統は、どのようにも捉えられますが、物質的な食べ物であるパンとぶどう酒を真剣に考えることは、神のあらゆる物質的事物を前に、感謝をもって正しく畏れるための始まりかもしれません。あらゆる事物を畏敬の念と観想によって眺める窓口かもしれないのです。

聖餐は事物、また人間への見方を変えます。それは私たちの世界の見方を変え、先に示唆していたように、互いに対する見方も変えます（隣人を神の招待客として見るようになるにつれてです）。信徒が困っている人たちに示したい歓迎の念は、聖餐を通して強められ、保たれます。また、他のキリスト者を見回し、彼ら、彼女らも招かれているということを真剣に受け止めなければなりません。聖餐の中で最も変化をもたらす、驚くべきことの一つは、あなたの隣にいる人を神が求めていると認めざるをえないということです。神は私と共にいたいのと同様に、その人とも共にいたいのです。神が私と、また私が招待しようと決めた人たちだけと共にいたいのであれば、どれほど簡単な話になっていたことでしょう。しかし、神にはそのような論理は通用しません。他のキリスト者を神が求めている仲間として見ることは大きな変化をもたらしますが、そのことが多くのキリスト者の心に浸透するには、――物事の見方によっては――かなり長い時間がかかります……。

この見方の変化はすべての問題と論争を解決するわけではありません。キリスト教の一致のためのマスタープランを与えたりもしません。しかし、周りのキリスト者を見るときに、「この人は神を説得して、愛してもらおうとしている（けれど上手くいかない）」と思うことと、「この人は神の方から共にいたいと求められている」と思うこととの間に違いがあると理解することが役に立つのは確かです。聖餐はものの見方を変えます。聖餐式で受ける贈り物の一つは、新たな視点という贈り物です。おこがましく聞こえるかもしれませんが、あえて言えば、神からの視点で物事を見るという贈り物です。

誠実な悔い改め

前述したように、聖餐には完全には避けることのできない重苦しい要素があります。なぜなら、私たちが主の食卓で見出すのは私たち自身の姿だからです。私たちはイエスが裏切り者を特定した最後の晩餐に連れ戻されます。そしてその物語は聖餐式の制定文の中で、例えば『祈祷書』では「……主イエスは渡される夜……」〔2〕という言葉で導入される場合があります。私たちは神から招待を受けた客人としてそこにいます。神が私たちと共にいたいから、またイエスが私たちと共にいる喜びを求めているからです。しかし、私たちは裏切る可能性をも持ってそこにいます。「見よ、私を裏切る者が、私と一緒に手を食卓に置いている」〔ルカ22・21〕とイエスは言います。パンを鉢に浸し、ユダに渡します。食卓につく周りの人たちに向けて、数時間後には私を見捨てるだろうと警告します。

それもまた聖餐式で起こっていることの一つです。聖餐は誠実な悔い改めの必要性を思い出させてくれます——与えられた贈り物をないがしろにし、裏切る可能性に立ち向かう必要性を。ですから聖餐は、キリスト教の実践においては、良い行いに対する報酬ではありません。それは、閉鎖的自己、自己陶酔、傲慢、怠慢の結果からくる飢えを防ぐために必要な食物なのです。

かつて私たちの教会の多くでは、聖餐を受けることは「ふさわしい」準備をしたと判断したときにのみ行うべきことだと考えられていました。十九世紀のローマ・カトリック教会は、あなたが良い行いをした結果として毎週の聖餐式にあずかることを司祭が許すというような時代でした。そして、キリスト教世界の多くの地域では、聖餐式は「聖なる」人々のためであるかのような一種の前提が残っています。私がこれまで述べてきたことは、聖餐式は決して報酬ではないことを思い出させるはずです。聖餐は、イエス・キリストに関するすべてのことと同様、無償の賜物です。聖餐にあずかるのは、私たちの行いが良いからではなく、うまくいっていないからです。到着したからではなく、旅の途中だからです。私たちが正しいからではなく、混乱し間違っているから、神聖ではなく人間であるから、満腹しているからではなく、飢えているからです。

自己認識と悔い改めの要素は、聖餐で行っていることの本質と完全に結びついています。祝賀と悲哀、復活祭と十字架はいつも隣り合わせになっています。そして、私たちがキリスト者として一緒に集まるとき、私たちは自分自身を祝うため、また、自分がどれだけうまくいっているかを祝うためではなく、いつもそこにある永遠の賜物を祝い、その賜物によって私たちの中から引き出される感謝を献げるために集まるのです。

聖餐式は、福音の物語全体が私たちの内側で再現される習わしです。以前、聖書について考えたとき、私たちは遠い過去の聖書の登場人物を家族の一員として認識するという話をしたのを覚えているでしょうか。このことは、聖餐式では非常に直接的であり、また非常に身体的な実感のあるものです。私たちは同じ家族の一員であり、今ここで、同じ食卓を囲む客人でもあります。イエスが歓迎することによって共同体が作り上げられていることを体験し、しかし同時に、私たちは族長たちや使徒たちのように、忘れっぽくって、裏切り者で、逃げ去る人々でもあります。私たちは、死の中でも、裏切りや見放し、否認の中でも、再び共同体の創造を経験するために、復活の日に呼び戻され、新たに招かれた存在です。そして、私たちは今、聖餐を受けるときに、地の面を新しくするように使命を与えられている存在なのです。私たちは、人間と物質世界全体を新たな見方で見ることができる存在であり、人間と事物をサクラメンタルに見、神の与え続ける行為が常に作用している只中で、人間と事物の内部にある深みを見出すことができる存在です。

造り変える霊

私たちの見方はさらに広がります。聖餐は贖罪だけでなく、私たちの創造にも関わっています。聖餐は計り知れないほど莫大で栄光に満ち溢れた、決して返すことのできない恩義のことなのです。私たちが存在しているのは創造主のお陰なのです。私たちが創造されたのは、神が私たちとの交わりを強く望んだからです。これと同じ切望がなかったら、贖罪は意味をなしません。造り変える神の霊が、私たちを再びいのちに呼び戻したのは、私たちとの永遠の交わりを「願われた」からです——私たちを呼び出したのは、神の必要を満たすためではなく、神ご自身を他者とより深く分かち合おうとする、溢れんばかりの神の寛大さからです。

聖餐に関するすべてのことは、聖霊の働きについて語っています。福音書の中で聖霊はイエスにいのちを与えた神の生きる息です——聖霊が文字通り、マリアの胎内でイエスのいのちを開始し、洗礼を通して彼の使命を生きたものとし、最後に彼を「忘却の地」〔詩88・13〕に降らせ、死から甦らせました。そしてイエスはその聖霊が与えるいのちを人々に伝えます。

というわけで、聖餐式では、聖霊の働きを呼び起こし、祝うのです。あの中心的な瞬間、パンとぶどう酒を受け取る直前に、私たちはイエスの祈りを祈ります。「私たちの父よ……」と言います——それは崇高で意義深い瞬間であり、祭壇に出向く前にぼそぼそとつぶやくような祈りではありません。それは礼拝というドラマがクライマックスへ移行する一つの過程なのです。イエスの祈りを祈るとき、聖霊は私たちの内に宿り、働きかけます。礼拝する中で、聖霊がイエスの言葉を私たちの内に語りかけていることを確認します。イエスが祈ったように、「アッバ、父よ」と。

同時に、聖餐式の中で聖霊の働きによって変容が起きることを私たちは認識し、確かめます。聖霊が、私たち自身の上に降ること、そしてパンとぶどう酒の賜物の上に降り注ぐことを祈り求めます。私たちは言います。「ここに、私たちはイエスと共にいます。父よ、これらのものを人々と分かち合う中で、すべての人がイエスのいのちで満たされますように、聖霊を遣わしてください」。

私たちが聖霊に願うのは、パンとぶどう酒に奇跡的な変化が起こるようにという願いだけではありません。私たちは聖霊に、私たちのすべてに奇跡的な変化をもたらし、これらの賜物を受け取ることができるようにしてくださいと願い、パンとぶどう酒を受け取るときに、「聖霊の力によって神の賛美と栄光のために生き」、世に出て行くことができるようにしてくださいと願うのです。ですから、私たちの内にイエスをいつも生かしている聖霊は、聖餐式の中で特別な働きを通して人を霊的に造り変えます。こうして、私たちは食卓を離れて、神の力で世界を変容させるという仕事に向かうのです。世界を新しい光で見、人間を新しい目で見、そして、世界に神の目的を実らせるためにできる限りの働きをするのです。

教会は、聖餐をこのような世界的な変容をもたらすものとして常に見てきたわけではありません。しかし、偉大な思想家や詩人は繰り返しその神秘に触れ、聖餐は神の最後のみ業と目的の啓示であると言ってきました。それは、世界の終わりの始まりと言えるかもしれません。この考え方は、主の食卓に対してかなり意味深いものを持ち込むことになります。そのような中にこそ私たちは、世界の終わりへと近づかせるために働く聖霊を見るようになります。終末への希望、つまり神がすべての人と万物に対して何を成し遂げるかという期待が生まれます。また聖餐式で起きている変容は、全体の変容のほんの一部を垣間見させてくれます——聖餐式をキリスト教の礼拝において非常に重要で中核的な位置づけとする一つの理由はすべてここにあります。聖餐は洗礼を受けたいのちが受けるに足るしるしであり、それは新しい創造の物質的なしるしでもあるからです。それは新しい生命力と方向性をもって神の最終目的に向かって進んでいく、世界の歴史における新しい局面を意味します。この歴史観を土台に聖書を読み、聖書に聴くことが大切です。現代のキリスト教思想家たちが言うように、それが教会を真の姿にしているのです。あの短時間の間で、私たちが神の客人として神の食卓に集まるとき、教会は本来あるべき姿に戻ります——共に客人となり、共に神の招きに耳を傾ける見知らぬ人々から成る共同体という姿に戻るのです。

ときどき、聖餐にあずかった後、会衆を見渡すと、その規模の大小にかかわらず、ここにすべてが集約されているのだという感覚を覚えることがあります――人々が互いを、そして世界を正しく見る瞬間はそのときです。聖霊に満たされ、神に任せられた仕事をする準備が整ったときです。数秒しかもたないかもしれませんが、そういう瞬間があります。過去にも起き、何度も繰り返し起きています。そして、これに対してのふさわしい応答とは何でしょうか。私はすでに言いました。それは感謝です。聖餐が私たちの生活の残りの部分に溢れ出るのは、まさに、それがあらゆるものに感謝するためのエネルギーと視点を与え、私たちが経験するすべてのものと与え主なる神との間に繋がりが作り出されるからです。

これは、私たちがすべてを見て、「ああ、そのように神がただ望んでいる」と言って通り過ぎ、何も変わらないと思うことでは決してありません。また、苦しみや恐怖の状況を見て、「そのように神が望んでいる」ということでも決してありません。状況や人間の奥底を見つめ、その中のどこかに与え主なる神がおられることを認識する能力を持つことです。神はより寛大に与えてくださることができるお方だと知るとき、新しい賜物や変容がもたらされるでしょう。そしてどういうわけか、自分自身や一緒にいる人、そして今の状況を変えようともがくにつれて、自分が探しているもの、自分が心を向けているものは、あの隠れたる真実、すなわち決して尽きることのない与え主である神の存在であることに気づくのです。

聖餐を通して、私たちは世界の中心に置かれます。その世界の中心では、み子キリストが聖霊において御父にいのちを献げています。聖餐を通して、私たちは世界の終わりにいます。世界の使命がどのように果たされるかを先取りして見ます。私たち自身と世界のありのままの姿を見て、神の深淵の中で熟考し、神との関係の中でその意味を見出しているのです。そして、キリスト者の仕事は、神の存在の隠れたる在りかに至るまで絶えず現実を掘り下げ、その在りかから感謝と悔い改め、変容の力が湧き上がるようにすることです。「命の泉はあなたのもとにあり」と詩編は言います〔36・10〕。そして、聖餐式の中で私たちは、この泉から飲むのです。

振り返りやディスカッションのために

1　どうすれば、あなた自身が主の食卓の客人であると気づくことができますか。他の客人とあなたの共通点は何ですか。

2　聖餐式はどのような意味で感謝の礼拝ですか。その理由は何ですか。

3　聖餐にあずかることで、世界を違った目で見ることができるのはなぜですか。それはキリスト者としての生き方にどのような違いをもたらしますか。

4 祈り

イエスはある所で祈っておられた。祈りが終わると、弟子の一人がイエスに、「主よ、ヨハネが弟子たちに教えたように、私たちにも祈りを教えてください」と言った。そこでイエスは言われた。「祈るときには、こう言いなさい。

『父よ
御名が聖とされますように。
御国が来ますように。
私たちに日ごとの糧を毎日お与えください。
私たちの罪をお赦しください。
私たちも自分に負い目のある人を
　皆赦しますから。
私たちを試みに遭わせないでください』」。

（ルカによる福音書11章1―4節）

第4章では、「キリスト者の本質的要素」である祈りについて取り上げます。特に私たち全員に必要なのは、祈りの中で成長することです。祈りの中で成長するというのは、一時的に役立つ特殊な霊的スキルを身につけることではありません。それは、パウロが「キリストの満ち溢れる成熟した年齢」（エフェ4・13）と呼ぶものへと成長することです。キリストが示す人間としてのあり方を身につけることです。祈りの中で成長するというのは、言い換えれば、キリストが示す人間としてのあり方を高めるということです。

あらゆるキリスト教の洞察、および、その名に値する神学は、神との新しい方法での対話がイエス・キリストの存在によって可能になった、という人々の気づきから始まったようです。「もしイエスが、神との新しい方法での対話を可能にしてくださるなら、イエスについて語るべきこと、信じるべきことがあるはずだ」。そう考えさせるようになったきっかけが、キリスト教の祈りという新たな経験だったのです。このようにして、神学の大いなる探求の働きが展開され始めました。

この祈りの新しさを、パウロはローマの信徒への手紙8章とガラテヤの信徒への手紙4章で最も鮮明に表現しています。「神は『アッバ、父よ』と呼び求める御子の霊を、私たちの心に送ってくださったのです」（ガラ4・6）。私たちが神に話しかける新しい方法は、神を父親として話しかけるというあり方にあり、それはイエスの霊の働きなのです。そしてもちろん、それはイエスご自身の死の前夜に記録された祈りでもあります（マコ14・36）。ですから、キリスト者にとって祈ることは――何よりもまず――、イエスの祈りを私たちの内に起こさせることです。イエスご自身が弟子たちに教えた祈りは、神が父親であるということを非常にはっきりと言い表しています。「私たちの父よ」という呼びかけが、まさにそうです。私たちはまず、イエスが立っているところに立ち、イエスの言うことを私たちも言えるのだという自信を表現することから始めます。

祈りについてこのように指導していたときもありました。まずはじめに、「神のみ前に自分を置きなさい」と。しかし、「イエスのいるところに自分を置きなさい」と言った方がよいのではないかと思うことがよくあります。それは恐ろしく野心的で、高慢にさえ聞こえますが、実際に新約聖書が示唆していることです。イエスは私たちのために神に語りかけますが、私たちはイエスを通して神に語りかけます。私たちは神に言いたいことを言うことができます——しかし、イエスは御父の愛の深さを見つめ、語りかけます。そして、あなたがイエスをよりよく理解し、信仰の中で少しずつ成長していくにつれて、あなたが祈りの中で言いたいことは、イエスがいつも御父に向かって言っていることと少しずつ一致するようになっていきます。すなわち、あなたが神に言いたいことは、イエスの永遠の愛の内で、イエスご自身のいのちが流れ出る神の永遠の愛のゆえに、徐々に変化していくのです。

　つまり、これこそが祈りなのです。祈りとは、あなたの内でイエスに祈ってもらうことであり、しばしば非常に困難で長い道のりを歩み始めることなのです。この道のりを通して、私たちの利己的な考えや理想、願望が、イエスの永遠の働きと徐々に一致するのです。この道のりは、ちょうどイエスご自身の地上での生活の中で、人間としての恐れ、希望、願望、感情が、あの死の前夜に耐え忍んだ究極の苦難と精神的な苦悩の瞬間ですら、御父への愛の関係性の中に組み込まれ、御父との永遠の交わりの内に織り込まれていった道のりと同じものです。

ですから、イエスが祈りについてはじめて教えられたとき、私たちはイエスご自身の立つところに立っているのだと表明せよと告げたのは、当然のことでしょう。それが「私たちの父よ」という言葉の意味です。その後に続くすべてのことは、この関係の中で照らされています。主の祈りは、神に対して完全に開かれた世界観から始まります。「み国が来ますように。み心が行われますように。あなた（神）のみ心がこの世界を照らし、これからの世界がそれによって形作られますように」。そして、この確信を持って祈り始めるとき、神の光が差し込む世界を心に描きながら、私たちは必要なものを求め始めます。では、私たちに必要なものとは何でしょうか。支え、憐れみ、守り、日々の糧、赦しが私たちには必要です。私たちは負いきれない試練から逃れる必要があります。

新約時代以後の大多数の初期キリスト者たちの考えは、主の祈りにしっかりと根づいていています。「私たちにも祈りを教えてください」と弟子たちがイエスに言い、主の祈りが与えられたのです。ですから、明らかにここから話し始めるのが良いでしょう。本章の後半では、この出発点から祈りについて説明した三人の初期キリスト教思想家たちについての簡単な概要を紹介します。一人は神学者であり教師でした。もう一人は主教であり、最後の一人は修道士でした。彼らは大体、三―五世紀ごろの時代に属していた人物です。

「すべてのことを通して、『天におられるわたしたちの父よ』と言う[1]」（オリゲネス）

最初の一人は、おそらく二五四年に亡くなった神学の教師、オリゲネスです。エジプトのアレクサンドリアで育ち、地中海東部の各地、特にパレスチナ地方のアレクサンドリアとカイサリアで教えていました。彼は長らく、一信徒でしたが、のちにパレスチナで按手を受け、聖職者となりました[2]（彼を正統的ではないと考えた一部の人々にとっては驚きでした）。二五〇年代の大迫害の中で投獄され、獄中で受けた拷問と負傷で苦しんだ結果、亡くなったと言われています。ただの学者ではありません。自らの生涯と死を通して十字架を背負った証人です。

　オリゲネスの祈りに関する小さな書物は、キリスト者がこの問題を体系的に扱った最初のものです。そして、オリゲネスが問いかけている質問の一つは、おそらくあなた自身が自問自答したことのあるものです。「もし神が私たちの願いをすでにご存知であるなら、なぜわざわざ祈るのか」（三世紀にすでにこのような質問があったことを知って、皆さんは安心するかもしれません）。オリゲネスは良い答えを持っています。神はもちろん私たちが何を言うか、また何を行うかご存知です。しかし、私たちがとる行動と言葉を通して神のご計画は成し遂げられます。ですから、何かをもたらすこと、癒しや和解の働き、また世界を良くするための変化が神のご意志であるなら、神はあなたの祈りがそれを実現させるための一つの要因になると決めておられます。あなたとあなたの祈りは、神が働こうとしている状況の全体的な目的の一部なのですから、それを続けることが良いでしょう、と。

それはかなり良い答えですし、確かに私たちが祈り続けることを後押ししてくれる答えです。これはこれで良いのですが、そればかりでなく、オリゲネスはどのように祈ればよいのかについても実用的な助言をたくさんしています。例えば、私たちの祈りは賛美から始めるべきだと言っています。なぜ神が重要なのかを語りましょう。なぜなら、たとえ神がそれを知る必要はなくても、あなたは知っておく必要があるからです。また、感謝で締めくくりましょう。そして詩編に基づいて――「夕べも朝も、そして昼も／私は嘆き、呻きます」〔55・18〕[3]――少なくとも一日に三回は祈りましょう、と。

これらは非常に分かりやすい助言です。しかし、オリゲネスが主の祈りについて具体的に述べていることに目を向けると、私たちは深い洞察の宝庫を発見します。新約聖書〔ロマ8・15〕に大変よく似た表現で、オリゲネスは、子にしてくださる霊を私たちが受けたことを強調しています。私たちは娘や息子として神に語りかけているのであり、――神ご自身の自由な選びを通して――遠くにいるのではなく、近くにいる神に語りかけます。神は私たちの友となり――また実際にはギリシャ語ではより強い表現で、愛しい者という言葉が使われています――私たちを本当に抱きしめ、想像できる限り近くにおられます。祈りを通して、キリスト者は、神はどこか遠くにおられるという考えを克服します。神に祈りを聴いていただくために大声で叫ぶ必要はありません。対照的に、神は私たちの親密な友になると決め、私たちを神の家族の一員として迎え入れることを決めたのです。この神の決心に基づいて、私たちはいつも祈っているのです。

そのことを念頭に置き、オリゲネスは、私たちの祈りはイエスに向けられているというよりも、常にイエスの内にあることを思い起こさせてくれます。昔も今も、多くの人はイエスに友として話しかける習慣がありました――それはそれで悪くはありません。しかし、祈りの本質とは、イエスがあなたの内で祈り、そして父なる神のみ心の奥義へとあなたを導くことです。イエスが私たちへの愛のゆえにご自身を無にされたように〔フィリ2・7参照〕、私たち自身も無となります。頭の中に押し寄せる利己的な欲望や卑小な自己イメージを押しのけます。神の愛によって満たされるように、頭と心を無にし、その愛を受け取る場所を作ります。ですから、私たちの祈りは、イエスの思いと実践と一つになることです。それは、オリゲネスによれば、私たちが祈るとき私たち全員が「祭司」になることを意味します。イエスがこの世の苦しみや悲しみを神の前で受け止めてくださったように、私たちが祈り、イエスの働きに加わるとき、私たちは祭司のように、地上の痛みや、渇きと貧しさを神のみ心に献げているのです。ですから、私たちは祈るにつれ、祭司としてのイエスの姿に変えられていきます。私たちが洗礼を通して「祭司のように」なることに関して考えたことを思い出してください。同じことがここでも言われています。

　オリゲネスはさらに実践的なアドバイスをしています。どこででも祈ることはできる、また祈りは特別な場所に限られているわけではない、と彼は語っています。しかし、そのことは祈りが、どこででもできる気楽なものに過ぎないという意味ではありません。静寂な環境と、実際に一人でいることは大事なことです。興味深いことに、このことについてオリゲネスは、あなた個人が祈る準備として平静な心と沈黙を持つ必要があるだけではないと言います。さらに深い次元で静まる必要があります――つまり、祈りを始める前に、他の人たちと平和であることが必要なのです。そのため、彼は私たちに対してこう言うのです。断食をし、分け与えなさい。そして、和解をしなさい、と。なぜなら、このことは静まることと同じぐらい祈りの本質の一部だからです。オリゲネスが神秘主義的な抽象性へ傾いているのではないかと疑うなら思い出してください。祈る心構えは他の人たちと平和であることです。イエスが言うように、和解をしてから、供え物を献げに来なさい（マタ5・24）。オリゲネスによるレビ記の説教の一つで、彼は貧しい人たちへの寛大さは、祈りが必要とする浄めの一部であるという事実を強調しています。

　こうしたことの背景には、オリゲネスの非常に複雑な意図があります。彼は多くの著作の中で詳しく語っていますが、彼には、あなたを振り回す情念、本能、欲求からあなたの精神――あなたの本質――を切り離すという考えがあります。あなたの感情や本能が四方八方に飛び散るように反応してしまう生活から一歩退く必要があるのです。注意してください。あなたの精神が錯綜する考えや感情によって覆い消されることがないように、目を覚ましていなければなりません。

オリゲネスは、民数記に関する別の説教の中で、神に続く私たちの旅の象徴として、エジプトでの奴隷生活から逃れたイスラエル人の旅について語っています。エジプトは誘惑の地です。エジプトは、聖書が私たちに思い起こさせている通り、「肉の鍋の前に座り」（出16・3）、贅沢な暮らしをさせてくれる地です。しかし、その贅沢な生活から脱け出しても、順風満帆にいくとは限りません。砂漠へと入り、苦闘のときが始まります。未知の世界、不確かな未来へ進み、そして識別する力、善と悪の見分け方を学ばなければなりません。また、知識と未来を描く力を身につける必要があります。順調にいけば、その内なる自由は、オリゲネスが呼ぶ「素面なのに酔っている」状態をもたらします。そこでは、あなたは「正気ではない」状態にいます——それはいつもの自己中心的な思い、不安、自己弁護的な習慣から切り離されることを意味します。いつもの方向感覚や勘は失われてしまいます——それは、次に地面に足をつけるときに、まっすぐに立っていられるかどうか分かりません。自分がどこへ向かっているのか分かりませんが、違う世界にいることが分かるほど高揚し、夢中になります。

砂漠を旅するには何年もかかるように、そこに至るには長年の苦労を伴いますが、旅の終わりには自由があります。

これらすべてから、初期の教会の間で非常に人気となった祈りの手本――祈りを学ぶ三つの型が現れ始めました。まずは、生活の中で「実践」することから始まります。そこではキリスト者としての日常の自己認識や生き方の常識を学びます。自己中心的な部分や愚かさに気づくこと、そしてその代わりに寛大さの度合いを深めて行動します。次に、この生活から、周りの世界の中で神を見る自由へと進みます。自我とそれに伴うあらゆる煩わしさを少し整理したとき、実に一層よく神が見えるようになります。世界はより現実的に、また美しくなります。その秩序と様式が見え、そしてあなたの心と想像力はついに第三の次元に到達します。それを「神学」とオリゲネスは呼んでいました（宗教学の学位を意味するわけではありません）。眼に映る周りの世界の強烈さと明瞭さは、一種の「暗闇への飛び込み」――むしろ光の中へ、神の中へと――を引き起こします。あなたの未来像は明確になります。行動は徐々に訓練されます。聖なる力がゆっくりとあなたを造り変えます。そして、オリゲネスが考え出した最高の表現を借りるのであれば、私たちは「すべてのことを通して、『天におられるわたしたちの父よ』と言う」ような状態に前進します。

「祈りは関係を癒す」（ニュッサのグレゴリオス）

オリゲネスより一〇〇年以上も後に、彼の説を部分的に土台としながらも、若干新しい方向に議論を展開した別のギリシャ語を話す思想家がいました。ここで取り上げるのは小アジア出身の主教、ニュッサのグレゴリオスです。彼はその時代では大変重要な哲学者であり、神学者でした。そして、彼の最も優れた不朽の作品の一つに、主の祈りについての解説書があります。

グレゴリオスがこの書物の中で最初に述べていることの一つは、オリゲネスが取り上げたあるテーマと非常に似ています。祈りは、衝突や対立関係の解決のために重要な役割を果たすというテーマです。もし人々が真剣に祈るなら、和解へと導かれます。非常に単純なことですが、一考に値します。グレゴリオスにとって、祈りは私たちを天へと導き、キリストを通して御父と直接に対面できる機会を与えます。神の栄光が私たちに開かれるので、私たちを天使たちと同等のもの（またはそれ以上）へと引き上げます。そして祈りを献げると、神の力が次第に分け与えられます。それを聞くと気持ちが高揚します。なぜなら、もし私たちが神の力を分け与えられているのであれば、奇跡を起こせるからです。確かにそうです（とグレゴリオスは言います）。あなたは行って、奇跡を起こせます――隣人を赦し、貧しい人に財産を施すような奇跡を起こすことができます。それこそが、神が力を行使する方法だからです。もし神の力が分け与えられているのであれば、祈りは私たちをそのような方向へと導きます。

　主の祈りの中で最も困難な箇所は、「私たちの罪をお赦しください。私たちも人を赦します」、文字通り訳せば「私たちに罪を犯した人を赦しましたから」の箇所です。この指摘をした最初の思想家はおそらくグレゴリオスでした。確かに、神に対し、「私の罪を赦してください、ほら、私に罪を犯した人たちを赦したのですから！」など言うのは、かなり差し出がましいことです。新約聖書の中の借金している家来のたとえ話が示唆しているように、この祈りを唱える私たちに対して神は訝しげな表情で首をかしげているかのようです〔4〕。しかし、グレゴリオスは神の表情を、非常に大胆で茶目っ気あるイメージで描き出します。彼は言います。「子どもたちに物事を教えるときには、はじめに『私がしていることを見ていなさい』と言います」。しかし後になって、「今度はあなたがやってみて、見せてごらん」と言うでしょう。神は私たちに同じようなことをしています。神は私たちに赦しを与え、そして一歩下がって言います。「では、今度は私に見せてごらん」と。グレゴリオスは、単に私たちが神に倣う者であるように招かれているのではありません。神が、私たちに倣うお方であるように求められていると言うのです。「私を赦してください。私は赦しました」と。グレゴリオスは、この祈りが最も困難であり、最も重要な箇所の一つであることを私たちに疑う余地を残していません。なぜなら、この祈りは、神が私たちに与えようとしている自由をもって、私たちが何をすべきかを明確に示しているからです。

すでに述べたことからも分かるように、グレゴリオスは祈りの他の部分についてあまり内省的になるべきではないと主張しています。「私たちの日毎の糧を今日もお与えください」という一行について考えてみてください。（グレゴリオスが言うには）それは私に必要なものを手に入れることなのでしょうか。いいえ、実は違います。なぜなら、（ヨハネによる福音書の言葉を借りれば）天から降って来て、世にいのちを与える神のパンは、すべての人のパンであるからです（6・33参照）。すべての人のために糧が与えられるように祈ります。そして、（グレゴリオスによれば）「あなた方が満ち足りていて、誰も空腹ではなく、悩んだりしていないならば」、その場合にのみ、私は、日毎の糧をきちんと受け取ったと言うことができます。私が日毎の糧を受け取るのは、自分が金持ちであるということで誰かを貧しくさせていない場合です。ですから、和解とともに正義のために働くという決意は、主の祈りを実現することの本質的な一部分です。

　グレゴリオスが主の祈りについて言っていることを、「祈りは関係を癒す」という言葉で簡単に要約できます。祈りとは、和解と正義についてのものであり、いかにして他の人々や世界に対するあなたの態度を変えられるかについてのものです。祈りは狭い個人的な活動ではありません。祈りとは、キリストのからだの中に、また、人類の家族の中に属することなのです。もし祈るときに何が起こっているかを理解するならば、世界は変わります。もし祈りによって神のみ心とご計画に次第に調和していくならば、あなたの内に注がれる神の力は、必ずこれらの関係を癒すでしょう。それは、より良い人になるために祈るとか、正義と和解が実現するために祈るということではありません。あなたが祈るのは、キリストがあなたの内におられるからです。そして、もしそれが本当に起こっているのであれば、あなたの周りで待ちに待った正義と和解が前進します。

グレゴリオス、そしてオリゲネスにとって、祈りの最も重要な側面の一つは、絶え間ない成長、無限の神秘へと深く入り込むことです。グレゴリオスはモーセの生涯についての著書の中で、神と共に歩む人生の唯一の定義は、人生を取り囲む垣根がないという意味において、定義を持たないことだと述べています〔5〕。私たちは歩み続けています。発見は常にあります。ちょうどモーセが神と会うためシナイ山の頂上で暗闇の中に入るように、私たちのエジプトからの旅は、砂漠を抜け、山を登る旅であり、神についての私たちの考えが崩れていく暗闇の中への旅です。しかし、この暗闇の深淵の中に身を置くときにこそ――神がどのような存在であるか、理解することも、把握することもできないと認識するからこそ――悟りはやって来ます。

これは、禅僧がパラドックスや謎について長時間座禅を組むとき、最終的には決して解決できないことに気づいたときの経験と少し似ています。そのとき、悟りが開かれるのです。ですからグレゴリオスと共に、暗闇の中に座り「私には決して手には負えません」と認めたときに、本来見えるはずがないと思っていたものが、自分の存在の深さから見えてくることに突然気づくかもしれません。それは「エクスタシー」ですが、その言葉が〔現在〕意味することとは少し違います。「エクスタシー」の語源とは文字通り「外に立つ」という意味があり、ここでは自分自身や神について考えがちな固定概念の外側に立つことを意味します。

「主よ、速やかに私を救い出してください」〔6〕（ヨハネス・カッシアヌス）

三人目は、前述の二人と同じ伝統に属する人ですが、今回の人物は多くの異なる世界への橋渡し役を担いました。修道士のヨハネス・カッシアヌスです。彼はおそらくロシア南部（スキタイ、現在のハンガリー）からエジプトに渡り、修道士になったとされ、ほとんどの著作は五世紀のはじめに書いたものです。エジプトではその時代の最も有名な修道院の指導者たちと出会い、また地中海を渡りマルセイユに修道院を創設しました。その広範囲の旅行経験を通して、彼は東方キリスト教の知恵を部分的に取り出し、西方に紹介しました。マルセイユを起点に、フランス南部にはいくつかの修道院が創設されました。マルセイユや他の地中海の港から遠方の地へと足を延ばした修道士たちは、アイルランド、コーンウォール、ウェールズなどの遠方の地を巡り、各地で修道院を建てました。

カッシアヌスは、西方のキリスト者のために、エジプトの偉大な修道士たちの教えについて実用的な要約版をまとめました。それは「談話」の形を通して、彼の教えをいくつか紹介しています。カッシアヌスは、そのまま解説するのではなく、より「ドラマチック」な方法を使って説明します。砂漠に住む数名の修道士を紹介し、彼らは特定のテーマについて話し合います。それゆえ、この著作の題名は『霊的談話集』[7]です。これは祈りについての経験を積んだ人々の間の一連の談話であり、今なお非常に良い書物です。そして、私たちが主の祈りについての彼の考察を読めるのは、『霊的談話集』の第9巻と第10巻においてです。

まずカッシアヌスは、祈るにあたって、あなたが自己認識や感情、その他すべてのことに取り組んできたということは当然のことだと言っています。祈りは、すでに述べたように生活の中での「実践」を前提として考えられています。それは自分の反応を観察することであり、感情の鍛錬に努めることでもあり、また正義と寛大さを実践することです。そして、日常生活のさまざまな心配事からある程度自由であること、祈りに取り掛かるときに不安に駆られていないことは前提なのです。頭の整理をしなさい、と彼は言います。それから四段階のプロセスを通ることになります。カッシアヌスは、パウロが祈りのために用いた四つの言葉を取り上げ、それぞれの言葉に若干異なる意味を与えています。すべての準備作業を終えたら、まずは嘆願から始めましょう。自分に必要なものを神に打ち明けるのです。それから、神に従う決意をしましょう。祈りとは約束であり、誓いであると言われます。祈るとき、このように神に語るのです。「あなたは私のためにここにおられます。私はあなたのためにここに居続けます」と。そして、その決意が固まったとき、そこにいて、そこに留まるという決意が固まったとき、この決意から生まれる愛のしるしとしての執り成しに繋がり、感謝に繋がるのです。この感謝は、神があなたのためにしてくださった良いことに感謝するだけではなく、神の恵みを吸収することです。

オリゲネスが言っていることと似ている部分がいくつかあります。祈りは感謝に向かい、また感謝とは神の恵みを個人的な領域に留める以上のものだと理解するのです。神とはどのようなお方であるのかと、自らそれを取り込むように、神の存在そのものに「浸る」ようなアプローチで学ばなければなりません。『祈祷書』には、「主を拝み、主の栄光をほめたたえます」[8]とあります。これらすべてが一つになるとき（とカッシアヌスは言います）、私たちは聖霊と共に火のように燃え上がります。私たちがイエスを見るとき、生き様のすべてが聖霊と共に燃えている人を見るのです。

カッシアヌスが主の祈りについて振り返るとき、それは私たちが神の養子とされたことへの認識から始まります。またそのような身分として、神の家に対して情熱的な愛着を抱きます。私たちは、キリストの存在が満ち溢れているところにいたい。ここが最も深い意味での私たちの故郷なのです。私たちは天国への憧れを持ちながら生きています。ニュッサのグレゴリオスのように、カッシアヌスもまた、私たちが人を赦したように、神に赦しを請うことの重大さにも言及しています。また、カッシアヌスは、人々が抱えているもう一つの大きな問題を解決しようとします。「私たちを誘惑に陥らせないでください」と祈るとき、何を意味するのでしょうか。本当に神は、私たちを誘惑や試練に遭わせないのでしょうか。聖書の中では、聖なる人々は常に誘惑に遭っています。誘惑に陥ることは、その中に投げ込まれ、逃げ道がない状況を意味するのだとカッシアヌスは言います。そのような状況から私たちが守られるように祈ります。神は逃れる道もなく、また立ち向かう術も与えずに、私たちを誘惑や試練の只中に投げ込むことは決してありません。そしてここで、言葉で表せないほどの重荷と苦難を前に、神のみ心のままにと祈ったキリストはいつも私たちの模範です。キリストは誘惑されますが、準備なく誘惑に陥ることはありません。私たちの内におられるキリストのいのちが十分に強められ、私たちを生かし続けるようにと祈ります。

　このような祈りのプロセスを経るうちに、感情的にかき乱される体験をするかもしれません。動揺もするでしょう。悔い改めの涙と喜びの涙を流すかもしれません。私たちの内側で何かが生まれ、周りの風景が変わっていくからです。祈りが深まるにつれて、もはや私たちが祈っているのではなく、神が私たちの代わりに祈ってくださっているのです。ですから、そのようなことが起きるとき、私たちが少しふらつき、感情が不安定になり、困惑し、落ち込むのは当然のことなのです。ですから、あわてないでください。そのように心が騒ぐとき、神があなたの内側で深く働きかけ始めているかもしれないのです。

「祈りは頻繁に、そして短く」とカッシアヌスは言います。もし焦る気持ちで三時間の深い瞑想を試みるのであれば、きっと足がしびれたり、気が散ったりしてしまいます。あなたは神に集中できなくなり、他のことを考えるでしょう。しかし、「頻繁に、短く」とは、中途半端で無頓着な言葉を口にすることではありません。「頻繁に」は真剣なことであり、「続けなさい、習慣にしなさい」ということを意味します。しかしまた、万事順調と思い込まないためにも「祈祷時間」を積み上げることはやめましょう。そうではなく、あなたが向かっているのは、最終的にはイエスと御父との関係であることを忘れてはいけません。「御父とみ子が一つになり、そしてみ子が御父と共に私たちの五感と思いを満たします」とカッシアヌスは述べます。この言い回しに注目してください。祈りが習慣になれば、特定の場所で肉体を持つ存在として生きていても、周りにあるものすべてを神の光の中で見ることができます。

カッシアヌスについてもう一つ重要な点があります。それは、あれこれと気が散りやすいとき、落ち着いて祈り、心を繋ぎとめておく方法についての助言です。一つの決まり文句が必要です。私たちに必要なのは、いるべきところに呼び戻してくれる素朴で簡潔な言葉です。これは――特に東方キリスト教世界では――長い伝統の始まりであり、私たちは「イイススの祈り」と呼ばれる、繰り返される祈り「主イイスス・ハリストス〔イエス・キリスト〕、神の子よ、我、罪人を憐れみ給え」を連想します。しかし、カッシアヌスはさらに短い祈祷文を提案します。「主よ、速やかに私を救い出してください」――その祈りは少し違った形で『祈祷書』の中の「朝の礼拝」「夕の礼拝」で始まり、詩編40編13節（聖書協会共同訳では40・14）のみ言葉「主よ、急いで助けてください」と共鳴します。必要なのはこの祈りだけだとカッシアヌスは言い、続けてこう言います。「確かに、必ずこれを唱える必要がある」と。心がざわざわして落ち着かないとき、祈りを献げようと決めたのに「メールを見ないといけない」とか「ガスを止めるのを忘れたかもしれない」などと考えてしまうとき、「主よ、速やかに私を救い出してください」とただ言い続けなければなりません。一つの言葉に忠実であることは、献身的で真剣な姿勢の表れであり、その目標に到達することを誓った証拠なのです。

終わりに、祈りとは

オリゲネス、グレゴリオス、そしてカッシアヌス――初期教会におけるこの三人の偉大な人物は、それぞれ異なる方法を通して主の祈りについて振り返り、またほとんどのキリスト者が祈りについて考えてきた不可欠な三点に絞り込んでいます。第一に、最も重要なのは、祈りとは私たちの内での神の働きであるということです。神に親切にしてもらいたいとか、興味を持ってもらおうとして祈るわけではありません。祈りとは、私たちの心と思いを打ち明けることです。御父に向かって語りかけます。「ここにあなたのみ子がいて、聖霊を通して私の内で祈っています。どうか、み子に耳を傾けてください。私は、イエスが私の内で働き、行動し、愛してくださることを願っているのです」と。

第二に、これらのキリスト教思想家たちは世界の中で正しく生きることと祈ることの間に深い繋がりを見出しています——利己主義、他者への恐怖、将来への不安や他者の犠牲を伴う成功願望に囚われていない、成熟した人間であることです。祈りとは、イエスのいのちがあなたの内で生き生きと湧き上がることなのです。ですから祈りが、和解と憐れみ、そして神の迎え入れと愛を他者に惜しみなく与える人間性に固く結びついているとしても、不思議ではありません。

第三に、私たちの側から見た祈りとは、誠実さ、忠実さ、貫き通すことなのです。祈るとき、何が起きているのかよく分からないかもしれません。祈りが私たちの内で深まるにつれ、何が起きているのかが段々分からなくなります。困惑したり、落ち込んだり、全く何も起きていないと感じたりします。しかし、大丈夫です。ただそこに留まり、そしてもし疑い始めたら、「主よ、速やかに私を救い出してください」と言いましょう。祈りとは、共におられる神に対して、私たちも神と共にいることを約束し誓うことなのです。祈りは本質的に、私は神のためにここにいますとキリスト者が約束し、誓うことから始まり、終わるものです。

振り返りやディスカッションのために

1 祈りの中で成長するということは、神のみ心により一層近づいていくことです——イエスのように、「すべてのことを通して、『天におられるわたしたちの父よ』」と言えるようになることです。それを現実のものにするために、あなたは人生のどの部分に取り組む必要がありますか。

2 あなたの人生における大切な人間関係について考えてみてください。また、あなたが知っている他の人々やグループ、周りの世界との関係についても考えてみてください。その中で癒しを必要としている関係はありますか。もしそうであるならば、あなたの祈りはその回復の過程にどのように役立ちますか。

3

少し時間を取って心と思いを落ち着かせ、静まりましょう。あなたに押し寄せてくるさまざまな思いや気持ちから、自分自身を切り離してください。息を整え、優しく深呼吸をしながら、「主よ、速やかに私を救い出してくださ い」と繰り返し自分に言い聞かせてみてください。あるいは、静かに息を吸い込み、吐くときに「主イエス・キリスト、神の子よ、罪人の私を憐れんでください」と言いましょう。ゆっくりとした呼吸に落ち着き、心拍数が下がるまでそれを行い、その後、祈りを続けてください。

訳　注

第1章

〔1〕原文ではold humanityという用語が使われています。ロマ6・6、エフェ4・22、コロ3・9参照。この文ではパウロ書簡が用いる「古い人」を採用しています。

第2章

〔1〕一九六〇年代後半から、ラテンアメリカを中心に展開し始めた神学的運動「解放の神学」は「貧者の優先的選択」をスローガンに掲げ、被抑圧者の「解放」を目指します。出エジプトの物語と南米社会の変革を結びつける聖書解釈が強調されます。

第3章

〔1〕日本聖公会『祈祷書　改訂第三版』（二〇一八年）、一八二頁参照。「……残った

ときは、その場で慎んで飲食してしまう」と記されています。
〔2〕『祈祷書』（前掲書）、一七四頁参照。原文では、betrayed（裏切られた）の部分が強調されています。

第4章

〔1〕オリゲネス「祈りについて」『祈りについて・殉教の勧め（キリスト教古典叢書12）』小高毅訳、創文社、一九八五年、九九頁参照。この文は小高毅訳を採用しています。「私たちの生そのものが、『私たちの父よ』と言っている」とも訳せます。
〔2〕ローマ皇帝デキウスによるキリスト教に対する迫害のこと。
〔3〕『祈祷書』（前掲書）、七四九頁参照。
〔4〕「仲間を赦さない家来」のたとえ（マタ18・21―35参照）。特に35節に注目。「あなたがたもそれぞれ、心からきょうだいを赦さないなら、天の私の父もあなたがたに同じようになさるであろう」。
〔5〕ニュッサのグレゴリオス「モーセの生涯」谷隆一郎訳（『キリスト教神秘主義著作集1』教文館、一九九二年）参照。
〔6〕『霊的談話集』第10巻第10章「継続的に祈る方法」（of the method of continual

prayer）と詩70・2参照。
〔7〕*Conlationes* の日本語訳については、ヨハネス・カッシアヌス「霊的談話集」市瀬英昭訳（『中世思想原典集成　精選2　ラテン教父の系譜』上智大学中世思想研究所編訳・監修、平凡社、二〇一九年、四六二頁の訳注1）参照。
〔8〕「大栄光の歌」『祈祷書』（前掲書）、一六四頁参照。

さらに学びたい人のために

次に挙げる文献は理解に苦労する部分もありますが、ほとんどは一般の読者に入手しやすいものです。

Scott Hahn, *Letter and Spirit: From Written Text to Living Word in the Liturgy*, New York, Doubleday, 2005.〔本書の日本語訳はありませんが、同著者のスコット・ハーン『子羊の晩餐――ミサは地上の天国』川崎重行訳、新田壮一郎監修、エンデルレ書店、二〇〇八年参照。〕

Timothy Radcliffe, *Why Go to Church? The Drama of the Eucharist*, London, Continuum, 2008.〔ティモシィ・ラドクリフ『なぜ教会に行くの――パンとぶどう酒のドラマ』芦屋聖マルコ教会翻訳の会訳、岩城聰・伊達民和監修、聖公会出版、二〇一三年。〕

Alexander Schmemann, *For the Life of the World: Sacraments and Orthodoxy*,

Crestwood, New York, St Vladimir's Seminary Press, 1974.〔アレクサンドル・シュメーマン『世のいのちのために――正教会のサクラメントと信仰』松島雄一訳、新教出版社、二〇〇三年。〕

Alexander Schmemann, *Of Water and the Spirit: A Liturgical Study of Baptism*, Crestwood, New York, St Vladimir's Seminary Press, 1974.

Kenneth Stevenson, *Take, Eat: Reflections on the Eucharist*, Norwich, Canterbury Press, 2008.

初期キリスト教文献の翻訳

St John Cassian, *Conferences* (esp. 9 and 10), translated by Colm Luibheid, New York/Mahwah, Paulist Press, 1985.〔ヨハネス・カッシアヌス「霊的談話集」市瀬英昭訳（『中世思想原典集成　精選2　ラテン教父の系譜』上智大学中世思想研究所編訳・監修、平凡社、二〇一九年、四一九―四六四頁参照。第1巻が翻訳されています）。〕

St Gregory of Nyssa, *The Lord's Prayer and the Beatitudes*, translated by Hilda Graef, no. 18 in the Ancient Christian Writers series, London, Longman 1954, various reprints.

Origen, 'On prayer', in J. E. Oulton and Henry Chadwick (eds), *Alexandrian Christianity*, no. 2 in the Library of Christian Classics, London, SCM Press, 1954, various reprints.〔オリゲネス「祈りについて」『祈りについて・殉教の勧め（キリスト教古典叢書12）』小高毅訳、創文社、一九八五年。〕また、オンライン上にはウィリアム・A・カーティスによる英語訳（不十分な点もありますが）もあります。

訳者あとがき

アメリカの神学校時代、受講したキリスト教教育の授業で、この小さな本と出会いました。本書を何気なく読み始めたものの、著者ウィリアムズ師の分かりやすい解説と入念な説明のうちにある奥深い洞察を噛み締めるようになりました。卒業後もふとした瞬間、また授業や説教準備の中で本書の内容に戻り、振り返ることが多々ありました。

原著は、第一〇四代カンタベリー大主教（英国教会の最高位聖職者、二〇〇二―二〇一二年）ローワン・ウィリアムズ師（ウェールズ出身、一九五〇―）による一連の講演を書き起こした内容を編集したものです。師は、二〇一三年からはケンブリッジ大学のモードリン・カレッジの三五代目のカレッジ長（Master）に任命され、二〇二〇年までこの重職を担いました。師の指導的働きはアングリカン・コミュニオンに属する信徒たちのみならず、全世界のキリスト教会に多くの励ましとインスピレーションを与えてきました。

『キリスト者として生きる――洗礼、聖書、聖餐、祈り』は内容の範囲においては小さな本と感じるかもしれませんが、読者にもたらす知的かつ霊的刺激は決して小さくはありません。本書はキリスト者だけではなく、多くの人々がいのちの尊さ、不思議さ、神秘について吟味するきっかけとなるに違いありません。

本書はいのちについての神学的な洞察である、と私は考えています。師は、キリスト者として生きることは「人間の世界にまつわる苦難や混乱に近づくだけでなく、そこに招かれているすべての人に……関わる」（一二三頁）と言います。私たちが本来の人間性を取り戻す鍵は、イエスのいのちにあり、そのいのちは苦難にいる人との連帯を通して分かち合う生によって特徴づけられているのです。

本書の内容は、今日の社会状況の中で新しい見識を私たちに示してくれます。私が翻訳を開始したときには、誰もがまだ想像もしていなかったことが二〇二〇年に起きました。新型コロナウイルスの感染拡大の影響は私たち一人一人の生活にさまざまな不自由や危機を及ぼしています。その現実の中で、必然的にいのちについて考えざるをえません。すべての人に与えられているその尊いいのちを探求する上で、本書が役に立つことを心から願っています。

また、もう一つコロナ禍以前から人類全体が向き合っていた喫緊の課題としてあるのが、気候変動とその生態系への影響です。私たちが追い求めた過剰な繁栄により地球環境が損なわれています。この重大問題に対しても、鋭い問いが本書の中で投げかけられています。「与え主なる神がすべての瞬間と物質世界の中に、背後に、そして奥底にいるかのように、私たちはこの世を生きているでしょうか」（七六―七七頁）。私たちがこの問いを真剣に受け止め、この呼びかけに誠実に応答することができたとしたら、この世界と互いに対する見方は変わり始めていくことになるでしょう。

このように、本書は聖書や初期キリスト教思想家たちの考えに根づいていますが、非常に現代的かつ実用的な内容を含んでいます。師が紹介するキリスト者にとって欠かせない四つの事柄（洗礼、聖書、聖餐、祈り）を通して、「私たちを求め、共にいることを望んで」（六八頁）おられるイエスと一緒に生きることが何を意味するのか、それをより深く理解する旅へと私たちは招かれているのです。この本を手に取ったすべての人が、本書の内容から心を貫き動かす言葉と出会い、新しい視点で「世界」を見るようになることを切に祈っています。

最後に、翻訳に関して留意していただきたい点、そして翻訳作業を支えていただいた方々に感謝の意を表したいと思います。本書の中で聖書からの引用文は聖書協会共同訳を使用しています。本書の中で一般の日本人読者からすれば分かりにくいと思われる聖書などへの言及は、なるべく訳注の中で簡単に説明をしています。*Being Christian: Baptism, Bible, Eucharist, Prayer* の日本語訳の完成に至るには決して私一人の労力では不可能でした。はじめに、西原廉太先生へ感謝の意をお伝えしたいです。面識がなかったにもかかわらず、監訳者の依頼を持ちかけた際には、快く引き受けてくださり、訳文の表現や多くの疑問点に関して助言をいただき、感謝しかありません。教文館の皆様、特に石澤麻希子さんには大変お世話になりました。校正と出版に向けての準備について、多大な力添えをいただき、改めて御礼申し上げます。そして、最後になりましたが、信仰の友である仲井間健太さんと両親は訳書の原稿をすべて読み、たくさんの助言と励ましを与えてくれました。本当にありがとう。もし日本語訳の表現に誤りがありましたら、私の力不足のせいであり、お詫び申し上げます。

四国学院大学でキリスト教教育を実践する場、そして教職員や学生の皆様との交わりの時を与えられたことを日々感謝しています。主よ、速やかに私たちを救い出してください。

二〇二一年一月、香川県善通寺にて

ネルソン橋本ジョシュア諒

《訳者紹介》

ネルソン橋本ジョシュア諒（ねるそんはしもと・じょしゅありょう）

1990年、岡山生まれ。2013年、国際基督教大学教養学部アーツ・サイエンス学科卒業。2016年、プリンストン神学大学院にてM. Div.取得。現在、四国学院大学助教。

論文 "Endō Shūsaku's *Wonderful Fool*: Gaston, A Christ-figure for Japan." *International Journal of Asian Christianity* 2, no. 1 (March 2019): 27-47.

《監訳者紹介》

西原廉太（にしはら・れんた）

1962年、京都生まれ。京都大学工学部卒業。立教大学大学院文学研究科組織神学専攻修了。博士（神学）。現在、立教学院副院長、立教大学文学部長・文学研究科委員長。2021年4月から立教大学総長。専門はアングリカニズム（英国宗教改革神学）。

著書『現代に活きるキリスト教教育』（ドン・ボスコ社、2009年）、『続・聖公会が大切にしてきたもの——宣教の課題と可能性』（聖公会出版、2012年）、『聖公会の職制論——エキュメニカル対話の視点から』（聖公会出版、2013年）、『聖公会が大切にしてきたもの』（教文館、2016年）ほか著書共著多数。

キリスト者として生きる——洗礼、聖書、聖餐、祈り

2021年2月25日　初版発行

訳　者　ネルソン橋本ジョシュア諒

監訳者　西原廉太

発行者　渡部　満

発行所　株式会社　教文館

〒104-0061 東京都中央区銀座4-5-1 電話03(3561)5549 FAX 03(5250)5107

URL http://www.kyobunkwan.co.jp/publishing/

印刷所　モリモト印刷株式会社

配給元　日キ販　〒162-0814　東京都新宿区新小川町9-1

電話03(3260)5670　FAX 03(3260)5637

ISBN978-4-7642-6745-9　Printed in Japan